KB261038

선택
&
집중

선택 & 집중

유대인은
어떻게 세상의 부를
독점하게 되었는가

데시마 유로 지음 | 박순규 옮김

이가서
Leegaseo publishing

경제활동은 끊임없는 불확실성과 불안정성, 그리고 심리적인 불안감이 뒤섞인 상태에서 전개된다. 이것은 경제의 본질로, 호황이나 불황 혹은 호경기나 불경기에 관계없이 적용된다. 달리 말하면 불확실하고 불안정한, 그리고 심리적인 불안감을 증대시키는 외적 조건을 잘 극복할 수만 있다면 경기에 좌우되지 않으면서 착실하게 앞으로 나아갈 수 있다는 뜻이기도 하다.

이런 점에서 유대인들이 살아가는 방식은 좋은 참고 자료가 될 것이다. 그들은 2,000여 년 이상을 국가도 없이, 충분한 법적 보호도 없이 자신들의 고유한 민족성을 간직하는 한편 경제적 자립을 유지해 왔기 때문이다. 또한 그들은 불안정한 시대의 소용돌이 속에서 불황기를 거칠 때에도 특유의 재능을 발휘하여 경제 분야는 물론 예술, 문화, 과학 등 다방면에 걸쳐 눈부신 활동을 펼쳐 왔다. 그럴 수 있었던 이유는 첫째, 그들이 2세 교육을 매우 중시했고, 둘째, 유대인끼리 최선을 다해 상부상조했으며, 셋째, 자신들을 다스릴 법규를 정비해 놓았기 때문이다. 또한 이들이 경제활동을 소홀히 여기지 않고 그 속에서 인간으로서의 숭고한 사명, 즉 창조와 생산의 의의를 발견해 냈다는 점은 그것들 못지 않게 중요하다.

　유대인은 흔히 이렇게 말한다.

　"학자가 되기 전에 먼저 구두수선공이 되어라."

　다시 말해 유대인은 '현실의 일상생활 유지'를 최우선의 과제로 내걸고 그것을 위해 여러 가지 지혜를 짜냈다.

　유대인은 또 말한다.

　"부자가 되고 싶다면 가난하더라도 부자 대열에 서라."

　어쩌면 부자 대열의 가장 끄트머리는 가난뱅이 대열의 가장 뒷줄보다 더 형편없고 참혹할지 모른다. 또한 가장 뒷줄에 있으면 맨 앞줄이 보이지 않아 항상 불확실하고 불안한 마음에 시달릴 수도 있다. 하지만 뜻이 있는 유대인이라면 끝이 보이지 않을 정도로 긴 대열이라 해도 부자 대열의 가장 뒷줄에서 일을 시작한다.

　우리가 앞으로 살아가야 할 시대가 불확실의 시대임은 일고의 가치가 없는 엄연한 사실이다. 이 책을 통해 여러분들이 이 시대를 어떻게 살아나가야 하는지 그 구체적인 방법을 깨달을 수 있었으면 한다. 그리고 유대인보다 더 적극적이면서 창조적인 비즈니스를 개척해 나가기를 진심으로 소망하는 바이다.

ONTENTS

성공하는 사람들의 특별한 노하우

1

아이들에게 '삶의 지혜'를

아인슈타인의 말을 빌리면, "교육의 목적은 독립하여 행동하도록 만들고 개개인을 배려하도록 훈련하는 일"이다. 또 랍비 유다 벤이라이는 "자녀에게 일을 가르치지 않는 것은 곧 도둑질을 가르치는 일"이라고 엄하게 경고하였다.

그들의 우수성은 어디에서 오는가

유대인이 비즈니스에 강하다는 사실은 익히 알려져 있다. 예를 들면 미국의 유대인은 6백 1만 명으로, 미국 전체인구의 2.5퍼센트에 불과하다. 그런데도 매년 『포춘』지에 발표되는 미국의 최고 상류층 부호 가운데 20~25퍼센트를 유대인 실업가가 차지한다.

그뿐만 아니다. 그들 중에는 자연과학, 사회과학, 예술, 문학 등 여러 분야에서 세계가 놀랄 만한 업적을 남긴 이들이 적지 않다. 또한 미국의 대학에 재직 중인 전체 교수 중 10퍼센트가 유대인이다. 게다가 노벨상을 수상한 미국인 중 유대인 혹은 그 계통이 거의 30퍼센트에 이른다. 이를 인구비율로 따져 보면, 감히 유대 민족의 우수성을 의심할 수 없을 정도다.

그렇다면 유대인은 본래부터 혈통이 좋은 것일까? 절대 그렇지 않다. 유대인 한 사람 한 사람을 다른 나라 사람들과 비교해 보면 별다른 차이점을 찾을 수 없다. 평범한 유대인은 그저 평범할 따름이고, 우수한 유대인은 또 그 나름대로 우수하다. 다른 나라 사람들도 이 범주에서 크게 벗어나지 않는다. 그들도 우수한 사람은 우수하고 평범한 사람은 그냥 평범한 것이다. 그리고 대부분의 사람들이 평범하듯이 유대인의 대부분도 평범하다.

다른 나라와 우리나라를 비교할 때 가장 두드러진 차이점은 외국에는 일자리가 없어 하루 종일 빈둥빈둥 노는 젊은이들이 많다는 사실이다. 반면 우리나라는 찾기만 하면 일이 얼마든지 있다. 물론 최근 불황을 겪고 있는 것은 사실이지만 직업에 대한 편견만 없다면 아직 젊은이들이 할 수 있는 일이 많다.

이런 혜택에 너무 익숙해서일까? 우리나라 신입사원들을 보면 학창 시절 아르바이트로 다양한 경험을 쌓기는 하지만, 그 속에서 사회생활에 필요한 지혜나 노하우를 습득하는 사람을 찾아보기는 어렵다. 또한 사회생활을 통해 선배나 상사의 업무처리 능력이나 진지한 모습 속에서 자신에게 도움이 될 만한 지혜를 배우려는 사람은 더더욱 만나기 힘들다. 이것은 최근 우리나라가 경제적으로 풍요로워지면서 나타난 현상이다. 부족함 없이 자랐기 때문에 인생설계에서도 '헝그리 정신' 에 입각한 절박함이 배어나지 못하는 것이다.

우리나라의 경제는 지금 혹독한 겨울을 맞고 있다. 따라서 젊은이들이 마냥 태평할 수만은 없다. 지금까지 우리 어른들은 '헝그리 정신' 을 모르는 젊은이들에게 무조건 양보하고 그들의 철 없는 행동을 방임하면서 도려내야 할 환부를 더욱 키워 왔다. 크게 잘못된 처사가 아닐 수 없다.

그런데 재미있는 점은 최근 미국의 유대인 사회에서도 이처럼 응석받이로 자라는 젊은이들이 늘고 있다는 사실이다. 그런데 다른 점이 있기는 하다. 유대인은 그런 철부지들을 그대로 용인하지 않는다는 것이다. 그런 젊은이들을 그대로 방치하면 유대인의 미래가 절망적이라고 생각하기 때문이다. 유대 사회의 어른들은 주위에 그런 젊은이들이 있으면 그들을 결코 용서하지 않는다. 가차 없이 호통치고 꾸짖으며 "네 녀석은 JAP야!"라고 비난한다.

'JAP'이라는 말은 뉴욕, 그 중에서도 특히 유대인 부자가 많이 사는 고급 주택지 그레이트 넥(Great Neck)에서 자주 들을 수 있다. 이 말은 'Jewish American Princess'의 약자로, 공주 마냥 응석 부리며 자기 주장만 고집하는 유대인 자녀를 가리키는 말이다.

따지고 보면 제멋대로인 자녀들 뒤에는 어김없이 무책임한 부모들이 있다. 하지만 유대인 부모들은 자식이 'JAP'란 사실을 알아차리는 순간부터 그들의 응석을 철저하게 뿌리친다. 그리고 자식의 나쁜 버릇을 고치는 데 최선을 다한다.

유대인들이 그렇게 하는 데는 두 가지 이유가 있다.

그 하나는, 유대인을 둘러싼 뿌리 깊은 차별이 만들어낸 위기감 때문이다. 차별 받는 사회에서 자손들이 살아남기 위해서는 그들의 응석을 용인할 수가 없는 것이다. 두 번째 이유는, 유대인들이 가진 전통적 노동관 자체가 본래 게으름을 받아들이지 않기 때문이다.

유대인과 우리나라 사람은 각기 어떤 목표의 동기를 부여받고, 어떤 방향으로 교육을 시행하며, 어떤 관점으로 교육을 바라보느냐에 따라 유대인다워지고 한국인다워진다. 바로 이 점이 민족 고유의 특성을 살리는 교육의 참된 모습이다.

유대인들은 과연 어떤 목표로 2세들에게 동기를 부여하고, 어떤 방향으로 교육을 시행하며, 어떤 시각으로 교육을 바라보고 있을까?

유대인들의 교육목표는 명확하다. 그 핵심은 "교육은 자신에게 필요한 지식을 습득하는 데 필요하다"는 그들의 이야기에서 찾을 수 있다.

많은 부모들은 자식이 유명한 학교나 회사에 들어가는 데 도움을 주는 것이 교육이라고 생각한다. 물론 유대인 부모도 자식을 좋은 학교에 입학시키고 싶어 한다. 그러나 그들은 '높은 진학률'을 기준으로 학교를 선택하지는 않는다. 단지 자녀들이 즐겁게 공부하도록 지도하고, 그들의 재능을 발견해 주며, 그 재능이 빛을 발하도록 도와 줄 교사가 그 학교에 있느냐 없느냐 하는 선택기준이 있을 뿐이다.

노벨 물리학상을 받았던 앨버트 아인슈타인은 어린 시절 '멍청이'라 불릴 정도로 열등생이었다.

그는 열 살이 되었을 때 김나지움(독일의 8년제 중등교육기관)에 진학했다. 마침 그의 부모는 명문 가톨릭계 학교에 그를 입학시켰다. 그곳을 졸업하면 자동으로 대학입학 자격을 얻을 수 있었기 때문이다. 이런 점에서는 아인슈타인의 부모도 여느 부모와 다르지 않았다.

그런데 정작 아인슈타인은 그 명문 학교의 군국주의적인 교육 방식을 못 견뎌 했다. 안타깝게 아들을 지켜보던 부모는 숙부인 야곱에게 그의 수학 가정교사가 되어 줄 것을 부탁했다. 소년 아인슈타인은 숙부의 도움으로 수학의 즐거움을 깨닫기 시작한다. 이 일을 발단으로 그는 열다섯 살쯤에 독학으로 미적분까지 풀 정도의 뛰어난 실력을 갖게 된다.

일은 여기서 끝나지 않는다. 아인슈타인은 날마다 자신의 집에 식사 초대를 받고 오던 의대생 막스 탈마이를 통해 자연과학 전반에 흥미를 갖게 된다. 또한 탈마이의 권유로 읽기 시작한 칸트의 『순수이성 비판』을 통해 자신의 생각을 확고하게 주장할 정도로 조숙해졌다.

아인슈타인의 부모는 학교의 주입식 교육은 아들에게 전혀 도움이 되지 않는다고 판단했다. 그래서 가능한 모든 범위에서 의미 있고 즐거운 배움의 기회를 주고자 했다. 그것이 바로 부모인 자신들의 의무이자 책임이라고 생각했다. 부모의 이런 배려가 훗날 대천재 아인슈타인을 낳았다고 해도 과언이 아니다.

탈무드에 등장하는 많은 현인들 가운데 유다 하나시는 특히 영향력이 컸다. 평소에 "공부가 즐거워야 비로소 그 내용을 기억하는 법이다"는 말을 즐겨 하던 그는, 제자들에게 가르침에 특히 주의하라며 항상 경각심을 일깨워 주었다.

독일의 심리학자인 에빙하우스에 따르면, 우리가 기억하는 사실의 70퍼센트는 이틀이 지나면 거의 잊혀지지만 스스로 흥미를 보이고 즐거워 했던 나머지 30퍼센트는 언제까지고 기억한다고 한다.

아인슈타인은 말했다.

"학교에서 배운 내용을 전부 잊었더라도 교육의 성과는 아직 몸에 남아 있다."

아인슈타인은 수학과 물리학에 강한 흥미를 갖게 되어 취리히 공과대학에 입학했다. 유대인들은 대학을 선택할 때, 졸업 후 좋은 회사에 들어갈 수 있느냐 없느냐를 문제 삼지 않는다. 자신이 무엇을 하고 싶은지, 장래에 무엇이 되고 싶은지를 생각하는 그들은 먼저 자신의 진로에 맞는 강좌가 그 학교에 개설되어 있는지를 살펴본다.

한편 아인슈타인은 취리히 공과대학에 들어가서는 제멋대로인 학생이었다. 그러나 청년 시절에 그는 스스로 납득할 수 있는 연구에 집중하여 광양자 가설, 원자의 브라운 운동론, 상대성 이론 등과 같은 아주 중요한 이론을 정립했고 발표했다. 젊은 시절의 자유분방함이 그의 연구에 값진 밑거름이 되었던 것이다.

무슨 일을 하든 먼저 그 일을 좋아해야만 능숙하게 할 수 있는 법이다. 정말로 자신이 좋아해서 습득한 지식이야말로 자신의 인생을 지탱해 주는 지혜나 기술로 변모할 수 있다는 것을 유념하기 바란다.

일을 안 가르치는 것은 도둑질을 가르치는 것

아인슈타인의 아버지는 엄격한 유대교 신봉자는 아니었지만, 그렇다고 유대교의 전통에 전혀 무관심한 편도 아니었다.

예를 들어 의대생 탈마이를 매주 식사에 초대했다. 그것은 탈마이가 러시아에서 독일로 유학 온 학생이라 의지할 만한 일가친척이 없었기 때문이었다. 즉 그는 의지할 곳 없는 사람을 돌보라는 유대교의 규율에 따랐을 뿐이다.

물론 아인슈타인의 아버지는 아들을 교육시킬 때도 유대교 규율을 많이 참고했다.

유대교 규율은 엄하게 말한다.

"아버지는 아들에게 토라(Torah)를 가르치고, 일을 가르치고, 수영도 가르쳐라."

토라는 쉽게 말해서 일종의 성서다. 유대인에게 성서 공부는 영원한 생명을 얻기 위한 절대적 조건이며, 일은 양식을 얻고 인생을 살아가는 데 없어서는 안 될 중요한 요소다. 또 수영은 인생에서 아주 중요한 때 물에 빠져 죽기 않기 위해 필요한 기술이다.

유대의 아버지들은 자식이 살아가면서 정신적, 육체적으로 최선을 다해 살아가도록 자신이 직접 가르치거나 자식을 올바로 가르쳐 줄 교사를 찾아야 한다. 그것이 바로 자녀교육에 있어서의 유대인의 원칙이다.

이 원칙을 통해 우리는 교육에 대해 실익을 중시하는 유대인의 자세를 엿볼 수 있다. 그들에게 교육이란 관념적인 지식을 주입하는 일이 아니라 살아가는 데 실질적인 도움을 주는 것이어야 한다. 교육이 실생활로 이어져야 한다는 것이다.

아인슈타인의 말을 빌리면, "교육의 목적은 독립하여 행동하도록 만들고, 개개인을 배려하도록 훈련하는 일"이다.

또, 기원전 2세기경의 랍비 유다 벤이라이는 "자녀에게 일을 가르치지 않는 것은 곧 도둑질을 가르치는 일"이라고 엄하게 경고한 바 있다.

답을 스스로 찾게 하라

아인슈타인은 자신을 학교에 맞추는 데 무척 서툴렀다. 학교에

억지로 맞춰 가는 것 자체가 무척 싫었기 때문이다.

유대인도 간혹 주입식 교육을 하지만, 그것은 초등학교 때에 국한된다. 우리의 초등학교에 해당하는 유대인 전통학교를 '헤델'이라 부른다. 일종의 서당이나 글방 정도의 역할을 한다고 보면 될 듯싶은데, 이곳은 한 학급의 정원을 20명으로 제한한다. 만약 그 이상으로 숫자가 늘어나면 보조교사를 두어야 한다.

주입식 교육이라고는 하지만, 교사들은 학생의 능력에 따라 지도하는 것을 자신들의 의무라고 생각한다. 그래서 그들은 실력이 좋은 학생은 진도를 빨리 나가거나 응용문제를 풀게 하고, 실력이 좀 부족한 학생은 더 많은 시간을 할애하여 천천히 가르친다. 유대교에서는 실력이 부족한 학생이 있으면 교과서를 한 줄 한 줄 읽어가며 자세히 설명해 주고, 그것을 몇 번씩 반복해서 가르치는 것이 바로 교사의 의무라고 명시하고 있기 때문이다.

아인슈타인은 획일적인 수업에 적응하지 못하는 인물이었다. 그래서 가정교사가 필요했다. 물론 그처럼 가정교사를 두는 일은 유대인들 사이에서 권하는 바이기도 했다. 19세기 초에 리투아니아에서 활약했던 랍비 엘리야는 "유대인들이여, 자녀들을 위해 집에 가정교사를 두어라. 그리고 충분한 보수를 주어라"고 말했을 정도였다.

하지만 이렇게 옆에서 가정교사가 친절하게 가르치는 시기란 고작해야 소년 시절뿐이다. 청년기에 이르면 그들은 스스로 배움을 추구해야 한다.

학교를 싫어했던 아인슈타인이 청춘을 만끽했던 학창 시절이 있었다면 그것은 취리히 공과대학에 들어가기 위해 1년간 다녔던 아라우고등학교 시절이었다. 그곳의 수업시간에서는 사제간의 대화가 존재했고, 선생님은 학생들이 자유로운 사고를 하도록 적극 장려했다. 아인슈타인은 이 시기를 거치면서 침울했던 성격이 다소 활발한 성격으로 바뀐다.

이 학교는 스위스인이 운영하는 학교였음에도 그의 유대인적 성향을 만족시켜 주기에 충분했다. 보통 유대인의 자녀가 헤델을 졸업하고 상급 학교인 이시바(학원)로 진학하면 학급정원은 더욱 줄어 10~15명 정도가 된다. 그리고 학생들은 두 명이 한 조가 되어 탈무드의 텍스트를 연구하고, 자신의 관점에서 발표하고 서로 토론을 한다. 그런 과정을 통해서 아인슈타인은 조금씩 발전을 하였던 것이고, 스스로 진리를 터득해 갔던 것이다. 바로 이 점이 학생들에 대한 자율 수업과 주입식 교육의 차이점이다.

자율 토론은, 사고 과정을 경시하고 쉽게 정답을 구하는 오엑스 식의 교육방식과는 크게 다르다. 유대인들은 선생님 의견에 무조건 "예"나 "맞습니다" 식으로 지식을 수용하는 것을 용납하지 않는다.

자신의 힘으로 실험하고, 실천하며, 착실하게 정답을 발견해 간다. 그것이 바로 '자유인'을 민족의 기본이념으로 내건 유대인의 참교육이자 참모습이다. 물론 이것은 학교교육에서 그치는 것이 아니라 사회훈련으로까지 이어진다.

스스로 해결하도록 내버려 둬라

유대인의 자녀교육에 대해 생각할 때마다 필자의 뇌리에 떠오르는 사람이 있다. 바로 요셉 쿠키아 씨다.

쿠키아 씨는 열여섯 살에 런던으로 유학을 갔다고 한다. 집을 떠날 무렵, 그의 아버지가 100파운드의 현금을 건네며 말했단다.

"잘 들어라. 이것이 네 유학생활 동안 쓸 돈의 전부란다. 유학 중에 이 돈을 전부 써버리지 않도록 각별히 조심하거라. 그리고 4년 뒤에 돌아올 때는 100파운드를 전부 돌려주기 바란다."

소년 쿠키아에게는 정말 구두쇠 아버지가 아닐 수 없었다. 그는 만일 자신이 100파운드를 돌려주지 못한다면 평생 아버지 앞에서 고개를 들 수 없을 거라고 생각했단다. 그래서 어떻게 해서든 졸업과 동시에 아버지에게 그 돈을 돌려줄 궁리를 했단다. 물론 자신의 명예와 관련된 일이기도 했다.

많은 아이디어를 짜내던 중에 돈의 일부를 주식에 투자하면서 주식 공부를 시작한 그는, 졸업할 무렵에는 어엿한 투자가로 성장할 수 있었다. 아버지에게는 원금 100파운드에 이자까지 붙여 돌려주었다.

어느 일정한 시기를 지나게 되면 하나에서 열까지 자세하게 가르칠 필요가 없어진다. 냉정하게 들릴지 모르지만 스스로 해결하도록 내버려 두는 일이 더 중요하다.

이집트의 알렉산드리아에서 크게 활약했던 유대인 철학자 피론은 교사의 조건을 두고 이렇게 말한 바 있다.

"교사는 학생 스스로 문제를 해결할 수 있도록 기회를 주어야 한다. 그때 교사는 조언을 하면 안 된다. 그래야만 학생 스스로 결코 잊지 못할 순수한 기억을 만들 수 있다."

참다운 교육은 이런 것이다. 몸소 익힌 지식은 경험과 실천을 통해 그 유효성을 확인한 것이므로 평생 잊어버리지 않는다. 학생이 어른이 되었을 때 혼자 힘으로 살아갈 수 있도록 충분한 기반을 제공하는 것, 그것이 바로 교육이다. 그런 의미에서 인간에게 필요한 최소한의 지식은 그리 많지 않다.

피아니스트인 우라디미르 호로비츠는 말한다.

"현대인에게 필요한 교육은 국어, 산수, 역사, 문학 그리고 조금의 음악이면 된다. 이것들만 알면 사회생활에 큰 어려움이 없다. 그 나머지는 개개인의 직업이나 전문성에 따라 필요한 기술과 지식의 깊이를 더하는 것으로 충분하다."

이 말은 교육 그 자체보다 자신의 재능에 유익한 지식을 얼마나 깊이 탐구하느냐가 더 중요하다는 뜻이다. 유대인의 상급학교인 이시바는 탈무드 연구에 능력이 있는 사람만을 입학시킨다. 탈무드 연구에 재능이 없는, 쉽게 말해 유대교의 학자가 될 만한 적성이 없는 사람은 하루라도 빨리 평범한 직업을 갖거나 기술을 익히는 편이 낫다고 생각하기 때문이다. 체면 때문에, 혹은 남의 이목 때문에 유명한 학교에 간다? 그런 비생산적인 타산은 유대인의 상식에서는 도저히 받아들여질 수 없는 것이다.

신의 영광은 노동하는 자의 머리 위에!

탈무드는 "손기술로 생활을 영위할 줄 아는 사람은 종교인보다도 위대하다"
고 말한다. 또 "구두수선공이 될 수 없다면 학자가 되려는 꿈은 꾸지도 말
라"면서 노동의 중요성을 일깨운다.

예로부터 유대인은 장사 수완이 뛰어나다는 말을 많이 들어 왔다. 구약성서에 등장하는 유대인의 선조 아브라함도 대규모의 장사를 했다.

물론 그렇다고 해서 모든 유대인이 장사를 하는 것은 아니다. 아주 오랜 옛날, 기원전 2000년대에 발달했던 메소포타미아 문명기에 유대인 선조들의 주업은 장사가 아니라 목축이었다. 그리고 기원전 1000년경 다윗이나 솔로몬이 지배하던 시대에는 농업이 나라를 지탱하는 산업이었다.

기원후 70년에 조국 유대가 멸망했을 때, 유대인들은 많은 나라로 뿔뿔이 흩어졌다. 그들 중에는 새로 터를 잡은 곳에서 농업이나 과수원업에 종사하는 사람이 많았다. 하지만 기독교 발흥과 함께 유대인의 토지소유가 금지되면서 서서히 농업에서 멀어져 갔다.

그들이 주업으로 삼은 또 하나는 금은세공, 자수, 상감(象嵌, 금속, 도자기, 목재 등의 표면에 무늬를 새기고 그 속에 금, 은 등을 넣어 채우는 기술 또는 그 작품)과 같이 장식품을 제조하는 장인이었다. 오늘날 다이아몬드를 가공하는 직공 대부분이 유대인이라는 점도 그런 전통과 결코 무관하지 않다. 그들은 그런 뛰어난 기술을 생활수단으로 삼아 이탈리아를 비롯해 유럽의 각 도시로 진출했다. 그러나 유대인에게서 각종 제조기술을 배운 현지 주민들은 자신들의 길드

(동업조합)를 결성한 뒤에 그들을 자신들의 세계에서 내몰았다.

유대인 사회에서는 재봉사, 정육점, 여관업, 땜장이, 의사 등 다양한 직업이 존재했지만 이슬람권을 제외한 중세 유럽의 다른 사회에서는 유대인이 비유대인과 접촉할 수 있는 직업은 오로지 금융업과 장사에 한정되었다.

하지만 근대에 이르러 그 제한은 무너졌고, 유대인 중에서 인쇄업, 직물제조, 기계제조 등에 손을 대는 사람이 나오기 시작했다. 이 직종들은 신기술이 필요한 분야여서, 기독교도 사업가들이 미처 길드를 확립시키지 못했던 당시에 유대인이 진출하기에는 아주 적합한 분야였다.

19세기에 이르자 의학, 법학, 경제학 등 지적 능력이 필요한 분야에서 유대인들이 서서히 두각을 나타내기 시작했다. 의학에서는 병리학의 헨레(그 제자 가운데 세균학에 코흐가 있다), 면역학의 파울 에를리히. 그리고 법률에서는 프랑스혁명을 전후로 법조회장을 지내고 법무대신에 취임한 아돌프 크레뮤, 독일의 바이마르헌법 기초위원회 의장을 지낸 후고 프로이스. 경제학에서는 데이비드 리카도, 칼 마르크스. 철학에서는 칸트와 현상논문을 다투었던 모세스 멘델스존, 칸트철학의 후계자 솔로몬 마이몬, 헤르만 코헨. 사회학의 에밀 뒤르켐⋯⋯.

20세기에 이르면 유대인의 사회적 활약은 한층 더 눈부시다. 이를 상징하는 것 가운데 하나가 바로 1978년의 노벨상 수상식이다. 그해의 수상자는 6개 부문에 걸쳐 모두 10명이었다. 그런데 그 중 5개 부문에서 노벨상을 수상한 6명이 유대인이었다. 물리학에서는 카피차, 펜지어스, 생리학·의학에서는 네이선스, 문학에서는 싱어, 평화상에서는 베긴, 경제학에서는 사이몬. 유대인이 수상을 못한 부문은 화학뿐이었다.

1936년 『포춘』지가 '미국 사회에서 본 유대인의 산업 분포'에 대해 조사한 적이 있다. 그 결과, 유대인은 은행을 포함한 금융업에서는 거의 찾아볼 수 없었다. 또한 철강, 석유, 화학, 자동차 등의 중공업이나 광고, 보도 등의 분야에서도 그렇게 눈에 띄는 인물이 없었다.

당시 유대인의 75퍼센트는 노동자로, 그 반수 이상이 봉제공장에 고용되어 있었다. 나머지 10퍼센트는 야채장수, 의료품 잡화상, 문구상, 폐품 수집상 등의 장사를 했고, 5퍼센트는 행상, 그리고 남은 10퍼센트는 그나마 사무직이나 전문직에서 일하고 있었다. 이는 곧 대부분의 유대인들이 그날 벌어 그날 먹고사는 가난한 생활에서 헤어나지 못했다는 사실을 의미한다. 유대인이 장사 수완이 뛰어나다는 말과는 너무나도 거리가 먼 이야기가 아닐 수 없다.

그런데 1980년대로 접어들면서 상황은 급변한다. 미국 내에서 유대인의 직업분포가 크게 변화했던 것이다. 먼저 전체의 60퍼센트가 교사, 회계사, 의사, 약사, 변호사, 기자 등의 전문직으로 변했다. 사업을 하는 사람의 비율은 줄어들어 전체의 20퍼센트만을 차지했고, 특별한 직업이 없는 노동자, 즉 블루칼라는 5퍼센트였다. 그 외에는 공무원이나 비서 등 사무직에 종사하거나 세일즈맨 등이었다. 평균수입도 1984년의 조사에서는 유대인 가정의 41퍼센트가 5만 달러 이상의 중산층인 것으로 나타났다. 하지만 연수입이 10만 달러 이상의 요건에 충족되는 가정은 6퍼센트에 불과했다.

이는 유대인의 장사 수완이 뛰어나다는 사실은 제쳐 두고라도 모두가 장사에 뛰어들어 돈을 번 것은 아니며, 반대로 사회혁명을 도모하는 혁명가도 아니라는 사실을 말해 준다.

또 하나의 명백한 사실은 유대인에게는 아주 열정적인 상승욕구가 있다는 점이다. 이는 1980년대에 연수입이 5만 달러 이상인 일반 백인 가정이 전체에서 겨우 10퍼센트밖에 되지 않았다는 사실에서 쉽게 짐작할 수 있다. 또한 연수입이 2만 달러 이하인 저소득층 비율을 보면, 유대인은 15퍼센트도 미치지 못하는데 비해 일반 백인은 절반 가까이를 차지했다. 즉 인구비로 봤을때 유대인은 대체적으로 유복한 생활을 하고 있었던 셈이다.

노동은 인간이 져야 할 신성한 의무

유대인이 그처럼 상류생활을 할 수 있었던 것은 그들에게 일반 미국 시민에게서는 찾아볼 수 없는 남다른 생활철학이 있었기 때문이다. 그것을 한마디로 정리한다면, 바로 상승욕구에 버팀목이 된 노동의욕이라 할 수 있다.

그렇다면 그들의 노동의욕은 어디에서 비롯된 것일까? 그것은 다름 아닌 구약성서의 '천지창조'에 있다. 천지를 창조할 무렵 하느님은 인간을 향해 명했다.

"생육하고 번성하여 땅에 충만하라."

이 말은 유대인의 선조인 노아, 아브라함, 이삭, 야곱 등을 통해 조금씩 뉘앙스를 달리하면서 그때마다 새롭게 받아들여졌다. 어쨌든 주된 요지는 천지가 개벽한 이래 하느님이 유대인에게 부여한 임무는 생산과 증식이라는 점이다.

'아담과 이브' 이야기도 빼놓을 수 없는 유명한 이야기다. 인류 최초의 선조인 아담과 이브는 에덴이라 불리던 낙원에서 금지된 열매, 선악과를 따먹은 죄로 추방되었다. 이를 통해 유대인들은 인간에게는 천국이 결코 어울리지 않는다는 사실을 깨닫는다. 그리고 현실이라는 가혹한 사회 속에서 스스로 노력하여 생활을 개척해 가야 한다고 결론짓는다.

그런데 비록 천국에서 추방되었지만 하느님이 인간에게 내렸던 '생육하고 번성하여 땅에 충만하라'는 명령이 없어진 것은 아니었다. 물론 천국에 있었다면 끊임없이 생산하고 증식했을지도 모른다. 하지만 한번 추방당한 인간은 맨손으로 확대생산을 지향해야만 했다. 즉 유대인은 그들의 역사가 시작될 때부터 확대생산을 지향하도록 동기를 부여받고 있었던 것이다. 이 점이 바로 그들 민족의 특성이다.

한편 유대인만이 성서를 읽는 것은 아니라며 반론을 제기하는 사람도 있을 것이다. 세계 인구의 3분의 1을 차지하는 기독교도들 약 40억 명도 아담과 이브 이야기를 알고 있는데 왜 유대인만이 확대생산을 지향하는 것처럼 말하느냐고 물을지 모른다.

얼핏 들어보면 이 반론은 정말 그럴 듯하다. 하지만 이야기를 아는 것과 읽는 것은 엄연히 다르다. 우리들 모두도 아담과 이브 이야기 정도는 상식으로 알고 있다.

기독교도들은 기독교와 직접 관련있는 신약성서만을 진지하게 읽기 때문에 구약성서는 단지 일요일에 예배 보러 나온 아이들에게 읽어 주는 이야기 수준에 지나지 않는다. 에덴동산의 이야기만 해도 기껏해야 교훈적인 지식 수준으로 우리 머리 한 구석에 기억되고 있을 뿐이지 않은가! 조금 열성적인 기독교 신자라면, 아담과 이브가 먹어서는 안 될 선악과를 따먹었기 때문에 인류가 원죄라는 저주를 받았다며 지금 인류가 처한 불행의 원인을 그 이야기에서 찾을지도 모르겠다.

그러나 유대인은 그렇지 않았다.

그들은 해마다 일 년에 걸쳐 구약성서의 앞부분을 장식하는 5권(「창세기」, 「출애굽기」, 「레위기」, 「민수기」, 「신명기」)을 교회에서 낭독한다. 그때마다 그들은 마치 하느님에게 이야기를 직접 전해 들듯이 매우 겸손한 태도로 듣는다. 게다가 직접적으로 표현하고 명령형으로 된 이야기인 만큼 그들은 자신이 신 앞에 불려가기라도 한 것처럼 이야기에 감정을 이입한다. 그뿐만 아니라 하느님의 계시가 그들 선조인 아브라함, 이삭, 야곱에게 내려지는 부분에 이르면 더욱 조아리면서 마치 그 일이 자신에게 일어난 것처럼 조심스레 이야기를 듣는다. 결국 그 이야기들은 하나의 명령으로 인식되어 그들의 삶에 지대한 영향을 미친다.

'생육하고 번성하여 땅에 충만하라' 는 말을 헤브라이어 원문으로 살펴보면 각각 '결실을 맺어라, 배가시켜라, 세계를 충만하게 하라' 로 나누어져 있다. 이는 단순히 사람의 수를 증가시키면 된다는 뜻이 아니다. 그 전에 먼저 열매를 맺는 성과에 대해 묻고 있다. 그것에 성공했다면 다음으로 이를 확대시킨다. 그리고 유대인은 마지막 부분을 온 세계를 성과로 충만하게 하라는 뜻보다 세계와 '함께' 성과를 올리는 데 충실하라는 의미로 이해하고 받아들인다.

유대인은 노동을 인간에게 부여된 신성하고도 아주 중요한 임무로 생각해 왔다. 그리고 2,000년 동안 매주 안식일에 기도를 외칠 때, 노동의 의미를 하느님이 천지를 창조하는 모습에서 배우라는 명령으로 상기하는 것이다.

노동은 하느님도 지고 있는 임무

유대인의 이 같은 노동관을 기독교의 그것과 비교해 보자. 조금은 이론적이고 딱딱해질지 모르지만 잠시 참고 읽어 주기 바란다.

독일의 사회학자인 막스 베버는 자본주의 세계라고 해도 프랑스와 같은 가톨릭 국가와 영국, 독일, 미국과 같은 프로테스탄트 국가 사이에는 산업의 활성도나 경제에 차이가 있다고 말했다. 프로테스탄트란 마르틴 루터의 종교개혁에 찬동한 기독교 그룹으로 독일의 루터파, 스위스의 캘빈파, 영국의 영국국교회 또는 성공회, 청교도라 불린 퀘이커파, 조합파, 감리회 등이 있다.

베버는 그의 명저 『프로테스탄티즘의 윤리와 자본주의의 정신』에서 이런 차이는 많은 프로테스탄트들이 노동을 신성시하고 근면, 검소한 생활을 종교적인 사명으로 생각했기 때문에 생긴 것이라고 설명한다. 그들은 또한 세속 사회에서 자신들의 직업은 곧 하느님에 대한 봉사라고까지 말한다. 다시 말하면 직업은 하느님에 대한 봉사이므로 당연히 전력을 다해야 한다는 뜻이다. 그리고 보수를 낭비하지 않고 자본으로 축적하는 검소한 태도 때문에 자본주의 경제는 더욱 발전한다는 것이 그의 주장이었다.

그렇다면 그는 왜 노동을 신성시했을까? 독일어인 '베루프(Beruf)'는 천직天職을 의미했다는 데서 그 이유를 찾을 수 있다.

사실 베루프라는 말은 종교개혁 이후 민중을 위해 성서를 독일어로 번역하던 루터가 고안해 낸 신조어이다. 그것은 '베루펜(Berufen, 불러서 고용하여 관직이나 녹을 주다)' 이란 동사의 수동형이다. 루터는, 직업을 하느님이 개개의 사람을 불러 부여한 의무라고 생각한 것이다. 그 결과 종교개혁 이전에는 노동을 천시하고 직업을 단지 생활을 위해 지는 유쾌하지 못한 무거운 짐이라고 생각하면서 '적당히' 일하던 사람들이 루터의 가르침을 통해 땀 흘리며 열심히 일하게 되었다.

그런데 루터가 '베루프'라고 번역한 구약성서의 말을 헤브라이어의 원문에서 찾아보면 '멜라하(Melachah, 임무 혹은 기술)'라고 나와 있다. 베버에 따르면 루터가 처음으로 베루프라고 번역한 곳은 구약 외전인 「벤시라의 지혜(19세기 후반에 고대 히브리 문서가 카이로의 유대인 교회에서 발견되는데, 이 문서에는 기원전 2세기 전에 살았던 시므온 벤 시라의 이름이 적혀 있어 '벤시라의 지혜'라는 이름을 붙이게 된다–역주)」의 한 구절이라 한다.

하지만 멜라하라는 말은 구약성서의 첫 부분을 장식하는 천지창조 이야기에도 세 번에 걸쳐 사용되었다. 하느님이 천지를 창조하기 위해 6일간 노동하고 7일째에 휴식하는 부분인데, 조금 길기는 하지만 그 전문을 소개하기로 한다.

'하느님의 지으시던 일(melachato)이 일곱째 날에 이를 때 마치니 그 지으시던 일(melachato)이 다하므로 일곱째 날에 안식하시니라. 하느님이 일곱째 날을 복 주사 거룩하게 하셨으니 이는 하느님이 그 창조하시며 만드시던 모든 일(melachato)을 마치시고 이날에 안식하셨음이더라.'(창세기 2장 2~3절)

헤브라이어 'melachato'는 바로 '그(하느님)의 일(melachah)'을 뜻한다. 루터는 천지창조 부분에서 'melachah'를 '베륵(werk, 일)'으로 번역했고 아직 베루프라는 단어를 사용하지는 않았다.

흥미로운 사실은 모세의 십계명 가운데 '안식일에 일(melachato)

을 쉬어라' 라고 이르는 대목에서 루터는 '딩(ding, 사물 혹은 물건)'과 '베룩'이란 독일어 두 개를 사용하고 있다는 점이다. 즉 성서를 독일어로 번역하는 작업을 진행하면서 루터는 헤브라이어 멜라하(melachah)를 어떻게 번역해야 할지를 두고 무척 고심했던 것이다. 그리고 구약성서의 번역 작업이 거의 마지막에 다다랐을 즈음, 구약성서 외전인 「벤시라의 지혜」가 담겨 있는 부분에서 다시 똑같은 단어와 마주쳤을 때는 이미 '베루프(beruf)'라는 또 다른 말을 떠올리고 있었던 것이다.

오늘날에는 출판물을 인쇄할 때 워드프로세서를 사용하므로 번역하면서도 얼마든지 수정할 수 있다. 하지만 당시는 펜으로 직접 쓴 내용을 인쇄했으므로 인쇄하던 곳으로 원고가 넘어가면 수정하기가 무척 어려웠다. 똑같은 '멜라하'라는 헤브라이어를 두고도 여러 가지로 다른 해석이 만들어진 이유도 바로 이런 사정 때문이었다고 볼 수 있다.

그런데 천지창조와 십계 부분이야말로 '베루프'라고 번역해야 했다. 하느님에게 천지를 창조해야 할 임무가 있었듯이 인간에게도 각자에게 주어진 임무가 있었고, 이를 수행하려고 엿새 동안 열심을 다한 노동은 곧 하느님 자신이 스스로 모범을 보였던 신성한 일이었기 때문이다. 이를 통해 성서는 노동을 결코 경시하거나 천하게 여겨서는 안 된다는 사실을 가르친다. 여담이지만 아리스토텔레스는 노동을 노예가 하는 일이라고 경시하였다. 그러나 성서가 바라보는 노동은 하느님을 포함한 각자가 마땅히 짊어져야 하는 창조성 있는 임무인 것이다.

베버는 『프로테스탄티즘의 윤리와 자본주의의 정신』에서 멜라하의 사용 사례를 여러 가지로 검증하고 있다. 하지만 무슨 이유에서인지 멜라하를 사용한 천지창조나 십계 사례는 소개하지 않았다. 만약 베버에게 학자적인 양심이 있었다면 그는 성서의 서두를 장식한 천지창조 부분에서 멜라하가 있었다는 사실을 지적했어야 했다. 하지만 그렇게 하면 루터가 처음부터 베루프라는 단어를 사용해 번역하지 않은 사실을 문제점으로 지적할 수밖에 없었을 것이다. 그런 논란을 피하고자 베버는 일부러 멜라하 용례를 전부 점검하여 고치지 않았다고 본다.

베버는 또한 유대인 식의 비즈니스를 '천민(Pariah) 자본주의'라 칭하며 유대인의 삶에 대한 편견을 그대로 드러냈다. 예를 들어 베버는 유대인끼리 돈을 빌리고 빌려줄 때는 낮은 금리를 적용하는 데 비해 유대인 이외의 사람들에게 돈을 빌려줄 때는 높은 금리를 적용한다면서 그 이중적인 잣대를 비난했다.

하지만 이중적인 잣대로 본다면 기독교도들도 유대인에게 법 외의 중과세를 과하거나 거주지 제한을 두는 등 차별행위가 있었다는 사실을 부인하기 어렵다. 그럼에도 베버는 그 점에 대해서는 일관되게 함구했다.

베버의 유대인 혐오는, 아마도 루터 이후 독일인의 의식 속에 침투된 전통적인 사고방식에서 기인했을 것이다. 따라서 비록 베버가 개인적으로 유대인에게 호의가 있었다 해도 이를 밖으로 드러냈다면 다른 독일인들의 따가운 눈총을 피하기 어려웠을 것이다. 그런 이유로 유대인에 대해 거리를 두는 자세를 취했는지도 모를 일이다.

아마도 그런 입장을 견지했던 베버가 노동이나 직업이 하느님에게 부여받은 신성한 의무이며 각자에게는 그에 맞는 천직이 있다는 사상이 유대인의 성서에서 비롯되었다고 발표하기에는 무리가 따랐을 것이다.

구두수선공이 될 수 없다면 학자 꿈도 꾸지 마라

이유야 어쨌든 간에 유대인은 자신들의 민족이 발원한 이후 줄곧 노동을 인간에게 부여된 신성하고 의미 있는 임무로 여겨 왔다. 게다가 과거 2,000년 동안 유대인은 매주 안식일을 맞이할 때마다 노동과 휴식의 의의를 하느님이 천지를 창조하던 모습에서 찾으라는 계시를 잊은 적이 없다. 이는 하느님에 대한 충성의 증표이기도 했으며, 창조적 행위에 대한 참가이기도 했다.

유대인들은 생각했다.

"노동은 하느님 자신이 먼저 천지를 창조하면서 솔선한 행위이므로, 이를 경시하거나 무시할 이유는 어디에도 없다. 노동은 최초의 신성한 행위인 것이다."

헤브라이대학의 초대 학장을 지낸 사무엘 휴고 버그만은 "헤브라이어에 아보다(avodah)란 말이 있는데, 이는 노동을 의미하지만 동시에 하나님에 대한 예배를 의미하기도 한다"고 지적했다. 즉 노동을 통한 정신적 가치는 유대인의 사상이며, 그것은 곧 그들의 노동의욕을 높인다는 말이다.

기원후 2세기 무렵에 활약한 랍비 타르폰은 "하느님의 위업과 영광은 노동하는 자의 머리 위에!"라고 말하기도 했다. 이런 사고방식은 일찍이 유대인들의 머릿속에 철저하게 자리잡았다.

예로부터 기독교에서는 수도원에서 기도와 명상에 정진하는 수도승을 세속에 있는 서민보다 귀한 존재로 여겼다. 반면 세속의 일에 쫓겨 살며 바쁘기만 한 민중을 천하게 취급했다. 그러나 그런 의식은 종교개혁을 통해 완전히 달라진다. 세속에서 직업을 가지고 노동하는 그 자체도 하느님이 부여한 의무를 다하는 숭고한 사명이라고 인식하게 된 것이다. 그렇게 서구에서는 종교개혁 이후 17세기 후반부터 노동에 대한 사회적 인식이 긍정적으로 변하기 시작한다.

이 변화는 루터를 비롯한 종교개혁 지도자들이 가톨릭교회의 수도원을 뛰쳐나가 성직자 스스로 자활하지 않으면 살아가지 못한다면서 현실과 맞닥뜨린 결과였다.

하지만 유대교에서는 이미 기원전부터 자활의 소중함에 대해 가르쳐왔다. 탈무드는 "손기술로 생활을 영위할 줄 아는 사람은 종교인보다도 위대하다"고 말한다. 또 속된 말로 "구두수선공이 될 수 없다면 학자가 되려는 꿈은 꾸지도 말라"면서 노동의 중요성을 일깨운다.

예루살렘에 신전이 있었던 시대에는 신전을 운영하기 위해 세습된 사제 혹은 레위인이라는 직업 종교가가 따로 있었다. 그들은 국민소득의 10분의 1을 세금으로 징수하여 그것으로 생활을 꾸렸다. 하지만 랍비라고 불리던 유대교 종교학자들은 생활하는 데 뒷받침이 될 만한 마땅한 수입이 없어 대체로 본업이 따로 있었고, 그것으로 생활을 지탱해 가면서 경전 연구에 몰두했다.

예를 들어 랍비 아키바는 양치기를 했고, 메이르는 경문을 베꼈으며, 히레르는 땔감을 팔면서 생활을 꾸려 갔다. 기독교는 처음에 유대교의 일파로 시작했으므로 기독교도들도 자신의 힘으로 생활을 꾸려야 했다. 그래서 예수 그리스도의 본업은 목수였고, 그의 제자 가운데 많은 이들은 어부였다. 기독교를 포교하는 데 두드러진 활약을 한 사도 바울은 천막을 만드는 장인이었다. 유대교 석학인 라방 가마리엘은 "세속 일을 하면서 토라를 배우는 것은 그야말로 훌륭한 행위다. 일과 학문, 두 가지 모두에 힘쓰는 일은 곧 죄를 잊게 해 주기 때문이다. 일(멜라하)은 하지 않고 토라만 배운다면 그 어떤 공부라 해도 무익할 뿐이며 죄를 불러들이는 결과를 초래한다"고 했다.

여기서 말한 '죄'는 하느님에 대한 반역을 의미한다. 인간은 노동함으로써 비로소 하느님의 창조 활동에 공감할 수 있다. 또한 토라를 통해 하느님이 만들어 놓은 일상생활에 대한 규칙의 진정한 의미를 배우고 내실 있게 생활한다. 반대로 말하면 경험을 반영하지 않고 이론만 내세우는 관념적인 공부는 학자를 방만하게 만들어 오히려 해가 된다는 뜻이기도 하다.

결론지어 말하자면, 오래전부터 유대인들은 학자나 종교가가 되려면 먼저 세상 속에서 한 가지 일을 배워 자신의 생활을 영위해야 한다고 생각했던 것이다.

자유는 경제적인 독립에서 나온다

이런 생각의 뿌리에는 타인에 대한 의존이 곧 이집트 시대의 노예생활로 역행하는 일이라고 여기는 경계심이 깔려 있다. 비록 동포라 해도 의지만 하게 된다면 나중에는 빚을 지는 일조차 아무렇지 않게 여기고, 시간이 지나면서 점점 상대방에게 구속되어 갈 것이라고 생각한 것이다.

탈무드는 말한다.

"아내에게 생계를 맡기고 의존하는 자는 결코 성공하지 못한다."

타인과 대등하게 사귈 수 있을 만큼 경제 기반을 확보하는 일은 누구를 막론하고 매우 중요하다. 그러기 위해서는 먼저 타인에게 경제적으로 의존해서는 안 된다. 그 말은 타인에게 돈을 빌리지 말라는 뜻이다.

유대인이 좋아하는 솔로몬의 잠언 중에 "타인에게 빌리는 사람은 빌려준 사람의 노예가 된다"는 말이 있다. 이는 적극적으로 돈을 빌리거나 빌려주는 계약은 피하라는 가르침이다.

인격적인 자유를 뒷받침하는 경제적 독립, 이는 유대인의 상승 욕구를 부채질하는 근본 동기였다. 따라서 유대인들은 완전한 자유를 누릴 수 있는 현실을 갈망했고, 20세기 전반에 팔레스타인으로 이주해 온 시오니스트 개척자들은 맹렬한 기세로 노동에 뛰어들었다.

이스라엘 건국의 아버지라 불리는 데이비드 벤구리온은 이스라엘 건국 직전인 1946년에 한 연설에서 다음과 같이 말했다.

"팔레스타인에서 일어난 진정한 기적은 과수원 재배, 원예 관리, 농지 개척, 포도 재배, 석재 가공, 항만 노동, 수리 관리, 전력 설비, 공장 노동, 생활용품 제조, 도로 건설 등의 기술을 유대인들이 빠른 시일에 터득했다는 사실입니다. 우리가 세계 각지에 흩어져 살 때에는 사실 이런 일들이 유대인의 손에 맡겨진 적이 거의 없었습니다."

그는 또 이런 말도 했다.

"우리는 육체노동을, 기독교도들이 말하듯 하느님의 저주라든가 필요악이라고 생각하지 않습니다. 그리고 육체노동이 생활을 유지하는 데 절대 필요한 조건이라고도 생각하지 않습니다. 다만 우리에게 육체노동은 인간의 숭고한 기능이며 인간생활의 기초이자 가장 가치 있는 행위일 뿐입니다. 그것은 자유롭고 또한 창조적이어야 합니다. 다시 말하지만 우리 인간이 자랑스럽게 여겨야 할 것이 바로 육체노동입니다.”

그는 후에 사임하고 정계를 떠난 뒤, 태양이 작열하는 사막 네게브에 있는 개척 키부츠(이스라엘의 집단농장)로 이주하여 목숨이 다할 때까지 육체노동에 정진했다.

바로 이런 점이, 노동을 저주로 생각하면서 노동형벌설을 외쳤던 서구의 사회사상가들과 시오니스트의 차이다. 사회주의 국가였던 구소련에서도 노동은 역시 형벌의 수단이었다.

그러나 이스라엘의 초기 시오니스트들은 모두 벤구리온과 마찬가지로 노동을 수긍하고 받아들였다. 개척 초기에 이스라엘의 정신적 지도자였던 아론 골돈은 “우리 손으로 노동하자. 그렇게 함으로써 비로소 우리는 우리의 문화를 얻고 우리 자신의 생활을 얻는 것이다”고 외쳤다.

미루어 추측하건대, 이처럼 노동을 긍정적으로 받아들이는 사상은 기원전 1세기의 유대인 현인이었던 스마야로 거슬러 올라간다.

그는 말했다.

“일을 사랑하라. 그리고 열심히 일하라.”

이 말에 대해 랍비들은 한 술 더 떠 부연 설명을 한다.

“사람은 항상 노동을 사랑하고 일에 정진해야 한다. 천지를 창조하신 하느님조차 모든 일을 끝마치고 휴식했기 때문이다. 하느님이 그러할진대 우리 인간이 6일 만에 일을 끝내기는 좀처럼 어려우니 우리는 더욱 근면하게 일해야만 한다.”

돈을 벌 때는 용기가, 모을 때는 총명함이

세상에 기적이란 없습니다. 설령 있다 하더라도 마냥 앉아서 기다린다면 초조해질 뿐입니다. 일단 하고 보는 것입니다. 반 보라도 좋으니 현재의 상태를 개선할 방법을 찾으십시오. 갑작스레 백 보씩 나아갈 방법은 없으니까요.

유대인 사업가 가운데 필자의 기억에 남아 있는 사람이 있다. 그 사람의 이름은 아브람 글로바드로, 이스라엘에서 태어났고 본업은 포크송 가수다. 현재 레스토랑을 경영하는데 디너쇼에서 직접 아코디언을 연주하면서 유대 민요를 정열적으로 부르기도 한다.

20대 초반에 그는 악기 하나만 덜렁 들고서 미국 땅을 처음 밟았다. 말하자면 맨손으로 미국 생활을 출발한 셈이다. 그 후 카네기홀에서 연주회를 가질 정도로 유명해졌고, 새로운 음반을 발표할 때마다 큰 인기를 모았다. 그리고 지금은 뉴저지 주에 호화 저택을 가지고 있을 정도로 큰 부자가 됐다. 그런 그가 아직도 지갑 속에 낡은 20달러를 소중히 간직하고 있다. 그것은 이스라엘을 떠날 때 아버지로부터 받은 지폐다.

아브람은 말한다.

"수중에 현금이 떨어져서는 안 됩니다. 그것이 바로 제가 미국에서 성공한 이유입니다."

사람들은 흔히 돈은 돌고 돈다고 말한다. 하지만 내 수중에 들어온 돈이 쉽게 나가면 절대 모아지지 않는다. 그래서 일단 돈이 모아지면 바닥나지 않도록 궁리를 해야 한다.

돈과 관련하여 유대인 사업가들은 다음과 같은 이야기를 자주 한다.

"돈을 벌려면 용기가 있어야 하고, 돈을 모으려면 총명함이 있어야 한다."

아브람의 경우는 어땠을까?

그는 말한다.

"많은 사람들이 미국만 가면 행운이 굴러 들어온다고 생각합
니다. 하지만 저는 그렇게 생각하지 않습니다. 물론 미국이 이스
라엘보다 넓기 때문에 그만큼 기회는 많습니다. 제 첫 직장이 음
악과 관계가 있었다면 정말 최고의 행운이었겠지만 처음부터 그
렇게 복이 굴러 들어오지는 않았습니다.

저는 지갑 속의 10달러가 100달러보다 훨씬 더 좋았습니다.
10달러를 벌기 위해 무슨 일이든 가리지 않았습니다. 그렇게 일
을 했지만, 사실은 정말 음악이 좋고 음악을 하고 싶었습니다. 그
래서 잊지 않고 그것을 주위 사람들에게 알렸지요. 자선행사에
출연할 기회가 있으면 무료출연이어도 마다하지 않고 노래를 불
렀어요. 그러면서 조금씩 재능이 있다는 얘기를 들었고, 음악과
관련된 일도 하게 되었습니다. 비록 무료출연일망정 음악지망생
이었던 저에게는 1파운드의 황금과도 같은 행운이었던 셈이죠.

유대인 속담에 '소망하는 일이 이루어지지 않을 때는 이루어
지는 일을 소망하라' 는 말이 있습니다. 가끔 가수지망생 가운데
후원자가 없어 유명해지지 못한다고 푸념하는 사람이 있는데, 사
실은 그렇지 않습니다. 집착만 하게 되면 오히려 일이 악화될 뿐
이거든요.

저는 요리견습생도 해 봤고 점원으로 일하기도 했습니다. 다양

한 분야에서 일을 해 봤기 때문에 사람들의 희로애락에 대해서 잘 알게 됐다고 생각합니다. 다른 사람 밑에서 고생해 보지 않은 사람은 결코 행복의 참맛을 알 수 없다고 봅니다. 사업도 마찬가지입니다. 경기가 나쁘면 물건이 잘 팔리지 않습니다. 그럴 때 더더욱 '어떻게 하면 손님이 기뻐하고 또 물건을 살까'에 대해 많은 궁리를 하게 됩니다.

세상에 기적이란 없습니다. 설령 있다 하더라도 마냥 앉아서 기다린다면 초조해질 뿐입니다. 할 수 있는 일이 있다면 무조건 해야 합니다. 일단 하고 보는 것입니다. 그리고 아주 조금씩, 반 보라도 좋으니 현재의 상태를 개선할 수 있는 방법을 연구하십시오. 갑작스레 백 보씩 나아갈 방법은 없으니까요."

반 보의 개선과 반 보의 축적이 결국 백 보의 개선으로 이어진다.

유대인이면서 영국의 수상이 된 디즈레일리는 "우리는 행운을 창조하며, 그것을 운명이라고 부른다"고 말했다. 행운을 잡는 비결은 다름 아닌 착실한 노력에 있는 것이다.

위험을 분산시키는 포트폴리오

어떻게 하면 모은 돈을 손해 보지 않고 관리할 수 있을까?

돈을 사용하지 않는 것이 가장 안전하다고 생각하는 사람도 있겠지만, 유대인들은 그렇게 생각하지 않는다.

현금을 그대로 집에 보관한다면 그야말로 어리석은 일이다. 예수도 이 점에 대해서는 똑같은 의견이었다. 그는 주인으로부터 받은 돈을 도난당하지 않으려고 땅 속에 묻었던 하인을 비난한 적이 있다(신약성서 25장).

오래전부터 내려온 유대인의 지혜에 따르면, 전체 금액 가운데 3분의 1을 어떤 형태로든 저축해야 한다. 이것이 바로 돈을 현명하게 관리하는 방법이다.

랍비 이츠하크는 다음과 같이 말했다.

"모름지기 현금은 3등분해서 관리해야 한다. 3분의 1로 농지를 구입하고, 또 3분의 1로 상품을 구입하고, 나머지 3분의 1은 현금으로 보관해 둔다."

이런 경우 가장 안전한 저축은 토지 구입이고, 다음이 상품 구입이다. 가장 안전할 것 같은 현금이 사실은 가장 위험하다.

유대인은 기원후 5~6세기까지만 토지를 구입할 수 있었다. 그 후 유대인의 토지 구입은 곳곳에서 금지되기 시작한다. 이런 상황 속에서 재산의 3분의 1을 안전한 형태로 확보해 두는 것이 유대인의 지혜가 되기 시작했다.

한 예로 배우인 커크 더글라스는 집이 매우 가난했다. 그래서 소년 시절에 싸게 구입한 막과자를 공장으로 팔러 다니면서 돈을 벌었다. 그는 수익 가운데 3분의 2를 가계를 위해 사용했으며, 나머지 3분의 1은 대학 진학을 위해 저축을 했다.

탈무드 시대의 랍비 메이르도 돈을 3등분하여 활용했다. 그는 일주일에 3미나라는 아주 적은 수입에 만족해야 했다. 그런데도 가족 식비로 쓴 1미나와 생활비로 쓴 1미나를 제외한 나머지 1미나를 기부하여 학생을 원조했다고 한다.

하루는 그의 궁핍한 생활을 보다 못한 제자가 그에게 물었다.

"어째서 선생님의 아이들을 위해서는 저축하지 않으습니까?"

메이르가 대답했다.

"만약 나의 자식들이 정직하다면 하느님이 그들의 생활을 잘 돌봐줄 것이다. 하지만 만약 정직하지 않다면 내가 왜 그런 녀석들의 장래를 걱정해야 하는가? 지금 내가 가난한 학생들을 위해 수입의 3분의 1을 기부하고 있지만, 그것은 후에 틀림없이 이스라엘의 미래에 큰 도움이 될 것이다."

최근에는 안전한 투자방법으로 위험을 분산시키는 포트폴리오 선택(안정성과 고수익성을 가능하게 하는 분산투자를 말하는 것으로, 투자의 효율적 분산을 뜻함)이 주목을 받고 있다. 하지만 이는 이미 오래 전부터 유대인들이 실행했던 투자방법이다.

흥미로운 점은 유대인들이 건강관리에도 3등분 방식을 활용했다는 사실이다. 그들은 "음식을 먹더라도 뱃속이 3분의 1만 차게 먹고, 3분이 1만 차게 마시며, 나머지 3분의 1은 화가 났을 때 속이 쓰리지 않을 정도로 비워 두어라"고 말한다.

위 속에 3분의 1만큼 여유 공간이 있으면 소화가 순조롭고, 불쾌한 일에도 위가 쓰리지 않기 때문이다. 이 역시 유대인들이 생활을 통해 터득한 지혜다.

위험을 피하기 위한 분산투자 외에도 유대인은 인격과 교육을 소홀히 해서는 안 될 덕목으로 꼽고 있다.

미국으로 이주한 유대인은 부동산을 구입하거나 집을 사더라도 주위의 기독교도로부터 차별을 당해야 했다. 유대인뿐만 아니라 백인지구에 사는 흑인의 경우도 마찬가지다. 최근 독일에서 문제가 되고 있는 터키인을 비롯한 외국인 배척운동도 사실 인종에 대한 편견이 배후에 깔려 있다.

유대인도 토지나 집을 사게 되면 쉽게 타인의 눈에 띄어 시기의 대상이 되곤 했다. 이런 차별을 극복하고 이웃한테서 존경을 받으려면 '인격'이란 덕목이 필요했다. 이 덕목을 갖추지 못해 '이방인'이 구입한 부동산이 불행한 결과를 초래하는 일도 종종 있었다. 유대인이 자녀교육을 위해 많은 투자를 했던 이유도 바로 여기에 있다.

큰 부자는 근면과 검약에서 나온다

유대인에게 돈은 정말 소중하다. 그들은 시민권도, 길드의 조합원 자격도 얻지 못했다. 토지소유권도 인정받지 못했으며, 정부의 보호조차 기대할 수 없는 신분이어서 만일의 경우를 대비해 돈이라도 가지고 있지 않으면 안 되었다. 우리도 만일 그들과 같은 상황이었다면 돈이라는 자산이 크게 다가왔을 것이다.

유대 사회의 내부라면 토라(법률)의 지식을 가진 학자가 많은 존경을 받았겠지만 이교도에게 그것은 아무런 의미가 없었다. 로마 시대의 한 랍비는 "만약 돈 한 푼 없으면 어느 누구도 우리를 존경하지 않을 것이다"라면서 뼈아픈 탄식을 하기도 했다.

유대 사회에서는, 자녀를 둔 아버지라면 마땅히 토라 공부와 실무, 그리고 수영을 가르칠 의무가 있었다. 그 중에서도 특히 실무교육의 중요성을 강조한다. 랍비 유다 벤이라이는 "아들에게 실무를 가르쳐라. 그렇지 않으면 도둑이 되고 말 것이다"고 말했다. 그래서일까? 유대인들은 비교적 어린 나이부터 생활에 도움이 되는 기술을 배웠다.

이는 데이터만 봐도 충분히 짐작할 수 있다. 20세기 초, 미국으로 이주해 온 유대인과 이탈리아인의 직업에 관한 조사자료를 살펴보면 이민 온 유대인의 65퍼센트는 재봉사, 구두수선공, 목수로 일하는 등 어떤 형태로든 직업을 가졌다. 이에 비해 이탈리아인은 75퍼센트가 아무런 기술도 없이 단순노동자로 살아갔다.

초기의 이민세대였던 유대인들은 돈을 모으려면 일을 해야 한다고 생각했다. 그래서 기회만 있으면 비록 경험이 없는 일이더라도 전혀 개의치 않고 도전했다. 특별한 기술이 필요한 경우에는 처음엔 어쩔 줄 몰라 당황했지만, 시간이 지나면서 다른 사람을 관찰하고 그대로 따라했다. 그뿐만 아니었다. 가끔은 기존의 방법과 전혀 다른 새로운 기술을 개발하여 자신의 부가가치를 높이기도 했다.

또한 그들은 가계를 절약하여 재산을 불려 나갔다. 탈무드는 결혼을 하려는 유대인에게 조언을 아끼지 않는다.

"아내를 맞이하려면 하류층에서, 친구를 선택하려면 상류층에서!"

신부가 하류층에서 자랐으면 수입에 맞게 살림을 잘 꾸려갈 것이다. 그러면 신랑의 집은 지출보다 낭비가 줄게 되어 저축이 가능해진다.

13세기 스페인 출신의 문인 아브라함 하스다이는 '허니문 1개월 고생은 평생'이란 표현을 쓰기도 했다. 물론 그의 표현대로 1개월간의 신혼여행을 하는 동안 모든 것을 허비하는 사람은 많지 않겠지만 행여 분수에 맞지 않게 거창한 신혼생활을 보낸다면 평생 고생한다는 교훈을 담고 있다.

탈무드에는 이런 말도 나온다.

"집오리를 먹고 빚쟁이를 피해 다니느니 야채만 먹더라도 두려움 없는 생활이 맘 편하다."

분수에 맞지 않게 생활하면 재산을 잃는 것은 물론 채권자의 빚 독촉으로 정신적인 불안까지 얻게 될 수 있다는 의미다. '작은 출발 큰 성공'은 유대인이 재산을 형성해 가는 비결을 단적으로 보여주는 말이다.

그리고 또 하나, 'ABC' 알파벳에도 그들만의 노동과 검약에 대한 생각이 담겨 있다. 잘 알고 있듯이 알파벳은 페니키아에서 그리스로 전파되면서 유럽의 각국으로 퍼져 나갔다.

오늘날 많은 사람들이 ABC를 그저 하나의 단순한 기호에 지나지 않는다고 생각한다. 사실은 그렇지 않다. 고대 페니키아(오늘날의 레바논)에서 사용한 언어는 헤브라이어와 같은 계열이었고, 게다가 알파벳 문자는 각각 의미가 있는 상형문자였다.

A=송아지, B=집, C=낙타, D=문, E=양손을 들어올려 내쫓는 모습, F=못, G=무기, H=담, I=손 등이 바로 그것이다.

이를 의미 있는 문장으로 잘 조합해 보면 '송아지를 기르고 집을 세우며 낙타를 소유한다. 문은 닫고 양손으로 적을 내쫓으며 못을 박고 담을 치고 손으로 일한다' 는 식의 문장이 되지 않는가.

근면한 노동과 검약, 이는 올바르게 자산을 형성하는 첫걸음이다. 이런 착실한 방법이 아닌 간단하고 쉽게 부를 얻고자 한다면 도둑질이나 타인의 물건을 강제로 뺏는 방법밖에 없다. 물론 직권을 남용하여 뇌물을 받든가 공금을 횡령하여 사리사욕을 채우는 방법도 있다.

랍비들은 이런 부도덕한 사람들을 "이익을 얻기 위해 공직에 앉으려는 자는 간통죄를 저지른 사람보다 더 나쁘다"며 맹렬히 비난했다. 참고로 고대의 간통죄는 살인죄와 함께 사형을 받을 정도의 중죄였다.

노동을 피하면서 부를 얻는 방법 가운데 학자가 되는 길이 있었다.

탈무드는 말한다.

"당신의 딸을 학자에게 시집보내라."

단, 흔히 볼 수 있는 학자여서는 안 된다. 의사 혹은 신동이라 불릴 정도의 아주 특출한 수재여야 한다. 유대인의 부자들은 이러한 수재를 사위로 맞이하는 일을 일종의 명예로 생각했다. 물론 요즘에도 유대인들은 결혼 상대의 조건으로 총명함을 빼놓지 않는다.

신랑 후보가 학자라면 아무리 가난해도 문제가 되지 않는다. 유대인들은 집안에서 학자를 배출하는 일을 자랑스럽게 생각했기 때문이다. 유대인 사회에서 우수한 두뇌를 가지고 있으면 많은 사람이 '선생님'이라 부르며 존경한다. 또한 우수한 두뇌를 비즈니스에 활용하면 실패하지 않고 사업을 계승할 수 있다고 생각한다.

반면 부자가 바보스런 청년을 사위로 맞이하면 매우 위험하다고 여겼다. 이런 경우 재산은 물론이고 귀엽고 사랑스런 딸의 장래까지 파국으로 몰고 갈 수 있기 때문이다. 그래서 유대인은 바보 같은 아들과 어리석은 딸을 가장 경계해 왔다.

유대인들은 며느리를 선택할 때도 학자를 선호했다.

"만약 필요하다면 모든 재산을 팔아서라도 학자의 딸과 결혼시켜라."

이는 솔로몬의 "돈을 지불하고서라도 지혜를 사라"는 말에서 유래한 유대인의 지혜임이 분명하다. 그들은 세월이 흘러도 창조와 생산의 원천을 지혜에서 찾았던 것이다.

많은 사람들이 유대인과 돈 문제를 생각할 때 쉽게 떠올리는 대목이 바로 '이자' 다.

대표적인 예는 셰익스피어의 『베니스의 상인』이다. 이 희극에는 유대인 고리대금업자 샤일록이 등장하는데, 사람들에게 '유대인=고리대금업자=악인' 이라는 편견을 뿌리 깊이 심어 주는 계기가 되었다. 이야기를 꼼꼼히 읽어 보면 샤일록이 안토니오에게 2천 더커트를 무이자로 빌려 주었다는 사실을 알 수 있다. 그런데 유감스럽게도 '유대인=악역' 이라는 이미지에 사로잡혀 독자들은 이를 깨닫지 못한다. 게다가 담보로 잡힌 안토니오의 가슴살 1파운드가 너무 부각돼 '유대인=무자비한 인간' 이란 도식까지 자연스레 뇌리에 남는다.

기독교나 이슬람교는 대체로 이자에 부정적이지만, 이익을 창출해내는 활동은 꼭 필요하다. 이런 점에서 종교적 이상과 사회적 현실 사이에 벽이 생기기도 한다.

신약성서에는 이자를 금하는 구체적 언급이 없다. 사실 기독교는 그리스 철학자였던 아리스토텔레스의 사상을 교회가 받아들인 후 얼마 지나지 않아 이자에 대해 부정적인 태도를 갖게 되었다.

그 속에서 가장 곤란해진 곳은 방대한 재산을 소유한 교황청이었다. 그래서 교회는 고심 끝에 유대인에게 금융업을 허가했고, 자신들의 재산 운용을 맡겼다. 물론 오늘날에는 바티칸 당국이 직접 운영하는 바티칸은행이 이탈리아 전 지역의 지점망을 통해 자금을 운용하고 이익을 키워나가고 있다.

이슬람교에서는 내부적으로 이자를 엄중히 금지해야 한다는 의견도 있지만, 또 관대해야 한다는 의견도 있어 마땅히 통일된 견해를 찾기 어려운 실정이다.

코란에서는 비싼 금리만 금지하고 있다. 그다지 높지 않은 이자까지 금지하지는 않는다. 참고가 될 만한 소절을 하나 소개하겠다.

"너희 신도들이여. 두 배를 다시 두 배로 늘려 이자를 받아서는 안 된다. 알라를 두려워하고 섬겨라. 그러면 너희에게도 행운이 찾아들 것이다."

이는 유대인의 구약성서에 나오는 이자 금지의 정신과 동일하다.

모세의 5서書 중에서 가장 오래된 「출애굽기」에는 다음과 같은 말이 있다.

"네가 만일 너와 함께한 나의 백성 중 가난한 자에게 돈을 꾸이거든 너는 그에게 채주같이 하지 말며 변리를 받지 말 것이며, 네가 만일 이웃의 옷을 전당잡거든 해가 지기 전에 그에게 돌려보내라. 그 몸을 가릴 것이 이뿐이라 이는 그 살의 옷인즉 그가 무엇을 입고 자겠느냐."

담보능력이 없는 가난한 자라면 돈을 빌릴 수밖에 없다. 그런데 그런 사람에게 무담보·무이자로 돈을 빌려주라고 명한다. 「레위기」의 25장 34~35절에서는 당신의 형제가 영락하여 제대로 된 삶을 영위할 수 없을 때 '이식利息도 이자利子도 받지 말라'고 명하고 있다.

물론 이 말이 담보능력이 있는 사람을 가난한 사람과 동일시하라는 의미는 아니다.

투자가가 위험을 안고 행하는 이식행위는 정당하다

이식과 이자를 어떻게 구별할까? 탈무드에서는 그 차이를 다음과 같이 명확하게 구별한다.

'예를 들어 이식이란 A가 4디나르를 원리합계 5디나르로 B에게 빌려주거나 두 말의 밀을 세 말에 돌려준다는 조건으로 빌려주는 경우를 말한다. A는 그런 조건을 숙지한 상태에서 B에게 돈이나 물건을 빌려주고 나중에 반환을 요구한다.

이에 반해 이자란 매매를 통해 결과가치를 증대시키는 일이다. 예를 들어 밀 한 포대가 황금 1디나르(은 25디나르 상당)의 시장가격을 형성하고 있을 때, A가 B에게 밀 한 포대를 매입한다(매입의 명목으로 A는 B에게 황금 1디나르를 빌려준다. 그런데 밀은 B가 그대로 보관하고 있다). 얼마 뒤 밀 한 포대가 은 30디나르까지 오르자 A는 "내 밀을 가지고 오게. 그것을 팔아 와인을 사고 싶네"라고 말했다. 그러자 B는 "지금 내가 가지고 있는 자네의 밀은 은 30디나르로 값이 올랐다네. 그 값에 상당하는 와인을 대신 지불하겠네"라고 대답했다. 하지만 실제로 B는 와인이 아닌 금전으로 결제했다. 이자란 처음으로 매입이 이루어졌을 때의 황금 1디나르와 값이 올랐을 때의 밀값, 즉 은 30디나르의 차액인 은 5디나르이다.

이자란 재물의 유통과 이전을 통해 결과적으로 발생하는 이식 분利殖分으로, 사전에 금액을 정할 수 없는 것이다. 한편 이식은 처음에 빌릴 때부터 가치의 증가분을 의무화해서 상대방을 구속하는 행위다. 행위 당사자간에 약속된 금액은 시간이 지나도 절대 사라지거나 변동되지 않는다.

부동산 임대계약시, 매월 분납하여 달마다 10만 원씩 지불할 비용을 100만 원에 일괄 지불하는 행위는 허용된다. 하지만 일 년치를 미리 지불할 경우 120만 원을 내야 한다는 계약은 인정하지 않는다. 명백히 20만 원의 이식분이 가산되어 있기 때문이다.

이 외에도 탈무드에서는 채권자가 채무자의 집을 무료로, 혹은 시가보다 싸게 빌리는 행위도 이식으로 간주한다. 이런 행위를 통해 절감되는 경비를 부당한 이식으로 보았던 것이다.

그러나 오해하지 않기 바란다. 구약성서나 탈무드는 아무런 대가 없이 취하는 부당한 이익을 금할 뿐이지 투자가가 위험을 안고 행하는 이식행위가 유대교의 법 정신에 위배된다고 보지는 않는다.

탈무드의 규율에 따르면, 이익의 반을 나누는 조건으로 타인이 가게를 차리게 해서는 안 된다. 또 타인에게 자본을 맡겨 상품을 사게 하고 그것을 팔아 벌어들인 이익을 반으로 나누어서도 안 된다. 어느 쪽이든 이익이 날 때까지 상대방에게 임금을 지불한다는 조건이라면 상관없다.

이런 판례를 근거로 13세기경 유대인들 사이에서 무기한 투자(헤테르 이스카) 방식이 확립되었다. 예를 들면 출자자인 A가 사업주인 B에게 자본을 빌려주는데, B가 이익 가운데 원금의 두 배에 해당하는 금액을 A에게 돌려줄 때까지 무기한으로 기한을 설정한다. 융자를 위한 담보도 잡지 않고 B가 사업에 실패하면 A가 모든 손실을 책임진다. 단, 무담보·무기한에 출자자인 A가 모든 책임을 지는 것이므로 A는 출자액의 두 배라는 높은 이익을 받을 수 있도록 허용한다.

이처럼 모든 책임을 지는 부담을 덜기 위해 유한투자(이스카 데아스라)가 고안되기도 했다. 이는 투자자인 A가 사업주인 B에게 무담보로 자본을 빌려주되 B가 사업을 하는 동안 발생하는 이익을 공평하게 반으로 나누며, 만약 사업이 실패하더라도 두 사람이 같이 책임을 지는 방식이다. 단, 일정 기간이 지난 후에 원금의 두 배를 투자자에게 환원하면 그때부터의 이익은 전부 B가 가진다.

이처럼 이식행위에 대한 유대인의 긍정적인 사상은 무엇보다 '타인에게 폐를 끼쳐서는 안 된다'는 대전제가 따른다는 사실을 기억하자. 일부 독자는 아마 이반 보에스키라는 이름을 기억할 것이다. 그는 1980년대에 미국의 월가에서 종이쪽지나 다름없는 채권을 사들여 비싼 가격에 다시 되파는 식으로 거액을 챙겨 증권거래위원회가 윤리적 책임을 물었던 인물이다. 그는 징역형을 순순히 받아들였으며, 총 40억 달러에 이르는 금액을 모두 출자자에게 변제했다.

투자의 위험뿐만 아니라 그에 따른 윤리적 책임도 피하지 않았다. 이것이 바로 많은 투자가들에게 요구되는 비즈니스 철학이다.

부자는 가난한 자를 도울 의무가 있다

유대인들은 언젠가 구세주가 나타나 세계의 평화를 구현하고 인류를 고난으로부터 해방시켜 줄 것이라 믿는다. 한편 이상적인 꿈과는 별개로 현실을 유지하기 위해서도 무척 애쓴다. 그 방법 중에는 우리와 전혀 다른 발상도 있다. 그래서 탈무드에는 '수입이 적으면 자선에 힘써라' 는 말도 있다.

이는 가난한 자를 불쌍히 여겨 선을 베풀면 반드시 하느님이 보상해 준다고 믿기 때문에 가능한 일이다. 그런데 타인에게 자비를 베풀려면 그만큼 생활에 낭비가 없어야 한다. 또한 자비와 낭비 없는 생활을 통해 저축과 근면을 몸에 익혀야 한다.

만약 이식행위가 죄가 된다면 아마 자신만을 위해 이익을 챙기려 하기 때문일 것이다. 이기심을 버리고 오로지 타인을 위할 목적으로 이익을 증식시킨다면 이는 그만한 가치가 있다. 유대인들은 이러한 목적으로 하느님이 부자에게 이식 능력을 부여했다고 생각한다.

세상에 부자가 없다면 가난한 사람을 구제할 사람이 없지 않은가! 유대인의 전통적인 사상으로 보자면 일상생활에서 전혀 부족함을 느끼지 못하는 상태, 즉 어느 누구도 타인에게 자비를 베풀지 않아도 되는 이상향은 메시아가 도래하는 그날까지 도저히 불가능하다. 그래서 유대인들의 현실주의는 사업이나 이식에 성공하는 인물의 존재를 용인하고 이들이 가난한 자들에게 선을 베풀어야 한다는 방향으로 흘러간다(이에 반해 마르크스는 공산주의의 이상이 실현되면 모든 이가 평등해질 수 있다고 생각했다).

유대 신비주의의 중심사상을 나타내는 성전 『조하르(Zohar)』에는 이렇게 나와 있다.

"정의로운 사람은 악인을 도울 의무가 있다. 현인은 어리석은 자를, 부자는 가난한 자를. 각각의 재능에 맞춰 주변에 있는 사람을 도울 의무가 있다."

사람들은 흔히 비즈니스의 목적이 돈을 모으는 일이라고 생각한다. 과연 그럴까?

만약 비즈니스의 목적이 이익 추구에 있다면, 자신의 이익만 얻으려는 악덕 행위도 비즈니스라 할 수 있다. 구약성서에 "은을 사랑하는 자는 은으로 만족함이 없고 풍부를 사랑하는 자는 소득으로 만족함이 없나니(「전도서」 5장 10절)"라는 구절이 있다. 이는 곧 이익 추구가 절대조건이 된다면 만족할 줄 모르는 자산 수탈로 발전할 가능성을 배제할 수 없다는 뜻이다.

그래서 풍족하게 부를 얻은 자는 그것을 사회나 공공의 이익으로 환원해야 한다. 좀 더 정확하게 말하면 사회나 공공의 이익에 기여할 수 있도록 영리활동을 해야 한다.

이는 3,000년도 훨씬 넘게 이어져 내려온 유대인의 전통이다. 구약성서에는 이렇게 나와 있다.

"중한 변리로 자기 재산을 많아지게 하는 것은 가난한 사람 불쌍히 여기는 자를 위하여 그 재산을 저축하는 것이니라."

(「잠언」 28장 8절)

사회·경제적으로 강자인 자는 약자를 보살펴라

유대인은 수세대에 걸쳐 유랑을 해 왔다. 그들의 입장에서 보면 유대 사회의 존재가 그들 개개인을 위기로부터 막아 주는 방패가 되었던 게 분명하다. 이런 이유로 그들은 자신의 동족이라면 누구든 개의치 않고 소중히 여겼다. 특히 사회적·경제적으로 약자인 가난한 사람, 과부, 고아를 배려했다. 또한 그들 사회의 내부에서 생활하는 외국인도 배려했는데, 그들의 규율도 그렇게 하도록 규정하고 있다.

약자를 보살피는 정신을 토대로 유대인의 세계적인 조직 브네이 브리스, 세계시오니스트회의 등이 탄생했다. 여담이지만 세계시오니스트회의의 부인회 '하다사'는 제2차 세계대전 후 히로시마와 나가사키에 떨어진 원자폭탄에 피해를 입은 젊은 여성들을

뉴욕으로 불러 수술을 받을 수 있도록 수술비를 전액 지원하기도
했다.

이처럼 약자를 보호하는 사상은 유대인의 비즈니스에도 잘 반
영되어 있다.

예를 들어 구약성서에는 다음과 같은 구절이 있다.

"곤궁하고 빈한한 품군은 너의 형제든지 네 땅 성문 안에 우거
하는 객이든지 그를 학대하지 말며……."

랍비들은 이 구절을 "가난한 사람의 임금을 압박해서는 안 된
다. 다시 말하면 이는 임금의 착취 및 지연을 이르는 말이다"고
해석하고 있다.

참고로 구약성서에 등장하는 약자를 보호하라는 주요 명령은
다음과 같다.

- 이웃을 학대하거나 착취하지 마라.
- 고용인의 임금은 그날 바로 지급해야 한다.
- 과부나 고아들을 위해 밭에 떨어진 이삭이나 과수원에서 따
  고 남은 과일은 그대로 두어야 한다.
- 타인에게 금전을 융통할 때 상대방의 집에 들어가 물질을 취
  하거나 해서는 안 된다.
- 가난한 자에게 옷을 빼앗았으면 밤이 되기 전에 돌려주어야
  한다.
- 맷돌의 상석만 전당물로 잡아 두어서는 안 된다.
- 농아를 저주하거나 장애물을 그의 앞에 두지 마라.

- 거주하고 있는 외국인의 복지에도 신경을 써야 한다.
- 약자의 주장을 물리치지 마라.

이 외에도 구약성서는 일반 상거래나 손해배상에 대한 여러 가지 세부적인 규정을 언급하고 있다. 하지만 각각의 항목에 대해 일일이 검증하지는 못한다. 구약성서의 기본 정신을 한마디로 집약하자면 '공정과 공평의 준수'이다.

고용주보다 노동자의 권리를 우선시하라

탈무드에 수록되어 있는 랍비들의 고용 사상은 매우 흥미롭다.

기본적인 사상은 앞서 언급했던 「신명기」 24장의 "곤궁하고 빈한한 품군은 너의 형제든지 네 땅 성문 안에 우거하는 객이든지 그를 학대하지 말며"인데, 이를 헤브라이어 원문을 통해 살펴보면 뉘앙스가 좀 더 직설적이다. 직역하자면 "피고용인을 수탈하지 마라. 그들은 가난할 뿐만 아니라 궁핍하기 때문"이다.

고대 사회의 피고용인은 일용직이었다. 일급으로 따지자면 겨우겨우 먹고 살 정도였다. 그래서 낮은 임금을 또 깎거나 지불을 지연하면 그날의 생활을 유지하기가 힘들었다. 이런 이유로 그들을 배려하라고 했던 것이다.

노동자에 대한 배려는 그뿐만이 아니었다. 탈무드에서는 다른 노동조건의 배려도 요구한다. 무엇보다 먼저 그 지역의 고용 관행을 존중하라고 명한다.

예를 들면, 이른 아침부터 일을 시작하는 마을에서 아침 늦게 일하러 나오라고 하거나 반대로 느긋하게 일하러 나오는 마을에서 아침 일찍 출근하라고 해서는 안 된다.

만일 그 마을에서 노동자에게 점심을 제공하는 게 관행이라면 당연히 점심을 제공해야 한다.

어느 날 랍비 요하난이 아들에게 노동자를 고용해 오라고 말했다. 아들은 노동자를 찾아내어 그들을 데려왔고, 그들에게 제공할 식사를 준비했다.

그런데 요하난은 다음과 같이 아들을 꾸짖었다고 한다.

"나의 아들아, 명심하거라. 노동자를 위해 음식을 준비하더라도 그것은 내가 명한 임무를 다한 게 아니다. 너는 당연히 빵과 콩 외의 다른 것은 식사로 제공할 수 없다는 조건을 명시한 상태에서 그들을 고용했어야 한다."

하지만 유대교 최고법원인 산헤드린의 의장 라반 시몬 벤가마리엘은 랍비 요하난의 이 의견과 다른 견해를 내놓았다.

"그런 식으로 고용조건을 낮추어서는 안 된다. 그 땅의 관례대로 고용해야 한다."

고용계약이 유효하고 일을 하고 있는 중인데도 고용주가 근무 태만이나 기대 이하의 능력을 이유로 노동자를 해고하는 일이 있다. 이 경우 노동자는 일한 만큼의 임금을 받을 권리가 있다.

한편 고용주와 대등한 입장에서 노동자는 근무조건 등이 자신이 생각했던 바와 맞지 않으면 하던 일을 멈추고 방기할 수 있는 권리가 있다. 노동자는 노예가 아니므로 마땅히 고용주로부터 독립하여 자신의 의사를 자유로이 표명할 수 있는 것이다.

그런데 이 경우 일한 만큼의 임금을 받을 권리가 인정될지 혹은 일을 방기한 행위에 대해 고용주에 손해배상을 해야 할지는 랍비들 사이에서도 어떤 통일된 견해가 없다. 그래서 별도의 새로운 사건으로 다시 판단하는 경우가 많다.

단, 한 가지 원칙이 있다. 고용 조건 외의 일을 강요당해 그에 불복함으로써 노동자와 고용주 사이에 분쟁이 발생했다면, 노동자의 권리가 우선시된다는 것이다. 이것이 바로 탈무드의 사상이다.

한편 랍비 요쉬는 "비록 자신을 고용한 고용주라도 노동자는 고용주에게 자신이 부당한 평가를 받고 있는지 알 권리가 있다"며 공정한 인사관리를 지적하기도 했다.

물론 탈무드가 만들어진 로마 시대의 유대교에서는 인사관리나 노무관리와 같은 독립된 관리 개념이 존재하지는 않았다. 그런데도 유대인들은 과거 2,000년 동안 탈무드를 중심으로 유대교의 율법에 따라 자신들을 규율하고 관리해 왔다. 게다가 신선한 토론을 통해 새롭게 받아들여지고 발전해 왔다.

노동자의 입장을 중시하는 사상과 환경 속에서 성장한 유대인이 많았기 때문에 그들 중에서 많은 사회주의자가 배출되기도 했다.

4

벗에게 악을 행하지 말라

"넌 흥정에 대해 잘 모르고 있구나. 콩이 필요하더라도 당장은 다른 것이 필요한 듯한 얼굴을 보여야 해. 그랬다면 상인의 입에서 '콩이라면 싼 가격에 줄 수 있다'는 말이 나왔을 텐데……"

비즈니스 윤리의 핵심은 나라마다 다르다

우리는 주변에서 '유대인의 상법'이라는 말을 자주 듣는다. 하지만 거래란 판매자와 구매자가 서로 납득하고 합의함으로써 성립되는 것이지 그 이상도 그 이하도 아니다. 이것은 거래에 대해 모든 이들이 당연하게 인정하는 공통된 견해이다. 그렇게 본다면 장사에는 따로 국적이 있을 수 없다.

만약 비즈니스 방법에도 국민성이 있다면 그것은 아마 판매자와 구매자의 교섭과정에서 발생하는 윤리와 계약 그리고 이익에 대한 사고방식의 차이일 것이다.

예를 들어 미국인에게는 '공정함(Fairness)'이 윤리의 근간이다. 이는 청교도 이후에 생겨난 전통이다. 그들은 기독교에 대한 자신들의 종교적 견해를 공정하게 보지 않았던 영국국교회에 항의하며 신대륙을 찾아 떠났고, 그곳에서 신천지를 찾으려 했다. 그렇지만 그것은 자신들을 중심으로 놓고 주변을 바라볼 때의 판단 기준일 뿐이다. 청교도들은 자신들이 공정하지 못할 수도 있다는 생각을 하지 않았다. 또한 그들은 자신들의 공정함을 하느님의 판단에 맡겼고 인간에게서는 판단을 받으려 하지 않았다.

이런 사고방식을 지닌 사람은 비즈니스에서 먼저 경쟁 상대를 공정하지 못하다고 비난하거나 공격하면서 혼란스럽게 한다. 그렇게 함으로써 경쟁 상대의 신용에 상처를 입히고 시장을 확보한다. 이것은 NCR이나 IBM이 초기에 자주 사용했던 수단으로, 지금은 미국 정부가 국제교섭 시에 전략으로 사용하기도 한다.

한편 중국인의 윤리는 '인仁'을 기반으로 한다. 그래서 그들은 무슨 일을 하든지 관대하다. 단, 개인의 행동이 하늘의 명을 따라야 한다고 생각하기 때문에 누군가가 하늘의 이치에 반하는 행동을 했다고 판단되면 가혹할 정도의 엄한 벌을 내린다.

그들은 비즈니스를 할 때에도 '인'을 바탕으로 한다. 그래서 중국인과 거래하면 대체로 금방 합의에 도달한다. 하지만 그들은 세부 약정을 소홀히 취급할 때가 많다.

일본인의 행동원리는 '화和'다. 이는 비즈니스에서는 '봉공奉公'이라는 논리로 작용한다. 다시 말해 그들은 조직이라는 공公에 개인적인 욕심을 버리고 봉사함으로써 조직 전체의 화和를 실현하고자 한다. 그래서 타인이 자신의 욕심만 고집하고 양보하지 않으면 무척 분개한다. 그런데 더욱 재미난 사실은 상대방이 자신보다 상위 부류에 속하면 '공'에 해당된다고 생각해 자신을 낮추고, 상대방이 하위 부류에 속하면 태도가 돌변해 자신이 존대받으려 한다.

비즈니스에 있어서의 십계의 교훈

그렇다면 유대인은 어떨까? 그들의 윤리기준은 무엇일까?

유대인의 생활을 규율하는 행동규범은 '십계'다. 참고로 십계

내용을 간단히 소개하도록 한다.

1. 야훼 이외의 다른 신을 섬기지 마라.

2. 우상을 섬기지 마라.

3. 하느님의 이름을 망녕되이 부르지 마라.

4. 안식일을 거룩히 지켜라.

5. 너희 부모를 공경하라.

6. 살인하지 마라.

7. 간음하지 마라.

8. 도둑질하지 마라.

9. 이웃에게 불리한 거짓 증언을 하지 마라.

10. 네 이웃의 재물을 탐내지 마라.

십계는 종교적인 규율이지만 그 정신은 유대인의 생활 전반과 관련이 있다. 유대교의 사고방식으로 보면, 토라(율법)라 불리는 모세5서, 구약성서, 방대한 법률체계 탈무드, 유대교의 신비사상인 카바라를 포함한 유대교의 모든 가치체계가 바로 이 십계에서 비롯된다.

십계를 열 개밖에 안 되는 간단한 계율이라고 생각해서는 안 된다. 십계가 요구하는 일과 현실생활을 조정하기 위해서 랍비라 불리는 유대교 학자가 필요했다. 랍비는 십계의 정신을 염두에 두고 유대교의 판례집인 성서나 탈무드를 조합하여 현실 문제를 해결하는 데 적합한 이론과 해석을 찾아나갔다. 랍비는 연역법, 귀납법, 비유법과 같이 여러 가지 고도의 추론방법을 구사하면서 진실에 접근해 갔다. 비즈니스를 유리하게 이끌려면 이러한 추론방법도 반드시 알아두어야 한다.

십계를 통해 우리는 어떤 비즈니스 교훈을 얻을 수 있을까? 헤브라이대학의 법학부장이었던 아브라함 라비노빗치 교수는 비즈니스에 있어서의 십계의 교훈을 다음과 같이 해설한다.

1. 야훼 이외의 다른 신을 섬기지 마라. ➡ 진실을 중요시한다.

2. 우상을 섬기지 마라. ➡ 신의를 지키고 이중계약을 하지 않는다.

3. 하느님의 이름을 망녕되이 부르지 마라. ➡ 안이하게 보증이나 맹약을 하지 않는다.

4. 안식일을 거룩히 지켜라. ➡ 노동 후의 휴식은 창조성으로 이어진다.

5. 너희 부모를 공경하라. ➡ 창시자에게 경의를 표하고 손윗사람을 존경한다.

6. 살인하지 마라. ➡ 인명을 존중하고 타인의 복지에 주의를 기울인다.

7. 간음하지 마라. ➡ 뒷거래를 하지 않는다.

8. 도둑질하지 마라. ➡ 착취와 부당이익을 엄금한다.

9. 이웃에게 불리한 거짓 증언을 하지 마라. ➡ 공정함과 진실이 사회정의를 확립한다.

10. 네 이웃의 재물을 탐내지 마라. ➡ 고의로 타인의 권리를 침해하지 않는다.

비즈니스 윤리의 핵심은 '진품' 지향

십계의 교훈은 비즈니스에서 어느 것 하나 빠짐없이 모두 중요하다. 그 중에서 가장 중요한 것을 꼽으라면 그것은 바로 진실 지향이다. 유대인이 순정과 진품을 좋아하고, 부정과 복제품을 극도로 꺼리는 데는 그만한 이유가 있다.

유대교 율법은 진품에 불순물을 혼합시키는 것을 금하고 있고, 랍비가 식당이나 제조공장에서 식품, 의료, 일용품 등을 검사하여 그에 대한 검사합격증을 이용자에게 명시하는 일을 의무로 규정하고 있다. 유대인들은 검사를 통해 증명되지 않은 물건을 절대 이용하지 않는다. 오늘날에는 예전보다 조금 덜하지만, 아직까지도 종교적 계율의 영향을 받아 식품의 질적 저하란 있을 수 없다.

단, 질적 향상을 위해 양질의 재료를 첨가하는 행위는 허락된다. 그러나 이런 경우에도 개량했다는 사실을 이용자가 알 수 있도록 반드시 명시해야 한다.

예를 들어 질이 좋지 않은 와인에 알코올 도수가 높은 양질의 와인을 섞는다면 그리 문제가 되지 않는다. 하지만 양질의 상품에 저질의 제품을 섞어 품질을 저하시키는 행위는 절대 용납되지 않는다.

진품이 아닌 제품이라도 그것이 모조품이라는 사실을 명확하게 알린 후에 판매한다면 위법은 아니다. 다시 말하면, 미리 모조품이라고 밝힌 뒤 판매하는 경우에는 소비자를 우롱하는 행위로 판단하지 않는다. 최근 유대 모조품의 걸작이라면 두부로 만든 아이스크림이 아닐까 싶다. 유대인은 육식을 먹는 자리에 결코 유제품을 내지 않는다. 하지만 식물성 단백질로 만든 두부 아이스크림은 사실 셔벗이기 때문에 유대교의 식사 규정인 코셔(kosher)에 위배되지 않는다.

이렇게 진품을 지향하는 그들의 태도 때문에 보석 감별이나 다이아몬드 연마에서 많은 기술자가 배출되었다.

진품을 지향하는 태도의 연장선상에서 탈무드는 신선하고 좋은 질의 상품을 제공하라고 명한다. 고대에는 건조시키는 방법 외에 달리 보존방법이 없었기 때문에 상품의 신선도가 물건을 고르는 중요한 요건이었다.

유대교의 문헌 중에는, 비록 랍비들의 기록을 통해서이긴 하지만 민중의 어리석음을 깨우치려는 훈계를 곳곳에서 찾아볼 수 있다.

다음과 같은 예가 있다.

"상인은 가장 바깥쪽에서부터 질이 나쁜 상품을 전시한다."

이는 신선도가 많이 떨어진 상품을 먼저 팔려는 상인의 욕심을 나타낸 말이다.

이를 충고하듯 어떤 랍비는 이렇게 말한다.

"팔려고 시장에 가지고 온 상품은 당신의 발끝이 진흙으로 더럽혀져 있는 사이에 팔아라."

이 말은 밭에서 산지 직송으로 짊어지고 온 상품을 될 수 있으면 빠른 시간 안에 팔라는 뜻이다.

상품의 값과 품질을 일치시켜라

비즈니스의 기본은 '상품의 매매'이다.

지금부터 판매자와 구매자와 관련해 탈무드에 기록되어 있는 구체적인 지침에 대해 몇 가지 소개하겠다.

첫째, 탈무드에서는 상품의 신선도를 중요시한다. 그래서 "신선한 야채가 많이 쌓여 있는 장소로 가서 당신의 야채를 팔아라"고 권한다. 소비자는 신선한 야채를 사고 싶어 하기 때문에 좋은 상품을 빨리 팔기 위해서는 좋은 상품이 많이 모여 있는 코너에서 가게를 열어야 한다. 그렇게만 된다면 그곳으로 손님이 많이 모여 들어 상품을 파는 일도 그리 어렵지 않다.

둘째, 판매자는 대중의 이익을 우선으로 시장가격을 설정할 의무가 있다. 이 의견을 주장한 대표적인 사람이 랍비 제이라다. 그는 많은 사람들이 찾는 상품을 미리 사들여 비싼 값에 다시 파는 상인에게 아주 엄중하게 경고한다. 특히 수요가 많은 상품의 값을 올릴 목적으로 독점하는 상인은 더욱 심하게 꾸짖었다.

앗바 벤앗바란 랍비가 있었다. 그는 자신의 밭에서 키운 작물을 제일 먼저 출하하는 동시에 저렴한 값으로 팔았다. 싼값을 통해 상품을 안정적으로 시장에 정착시키기 위해서였다. 그런데 그의 아들이었던 사무엘은 아버지의 방법을 따르지 않고 별도의 방법을 사용했다. 예를 들면 그는 작물을 빨리 출하하지 않고 좀 기다렸다가 시장에서 높은 가격에 거래되고 있을 때 가장 싼값에 내다 팔았다.

이와 관련하여 랍비들은 사무엘의 아버지인 앗바가 택한 방법이 옳다는 판단을 내렸다. 전자의 경우는 자연스레 싼 가격이 정착되지만, 후자의 경우는 그저 시장을 혼란시킬 뿐이라고 생각한 것이다.

셋째, 판매자는 시장의 질서를 유지하고 시장을 혼란시키지 않을 의무가 있다. 무분별하게 가격상승을 꾀해서는 안 된다. 탈무드에서는 상인이 상품을 팔기로 했으면 어떤 일이 있어도 그날이 가기 전에 다시 가격을 높여서는 안 된다고 경고한다.

한편 값을 내리는 일에 대해서는 그다지 반대 의견이 없다. 어느 가게에서 가격을 내려 주변의 다른 가게 주인들이 맹렬히 항의했다고 한다. 그 가게로 손님이 많이 몰렸기 때문이다. 그러나 랍비들은 이를 대중에게 은혜를 베푸는 행위로 간주해 그다지 금할 이유가 없다고 판단했다.

시장의 질서유지와 관련하여 흥미로운 사실이 하나 있다. 바로 '경품'에 대한 논쟁이다.

랍비 유다의 경우, 가게를 찾아온 손님의 아이에게 막과자를 주는 일에 반대했다. 그 손님이 그 가게에만 찾아오게 만들기 때문이라는 게 그 이유였다. 하지만 대다수의 랍비들은 자유경쟁이

라는 관점에서 경품을 나누어 주는 행위가 그다지 문제될 게 없
다고 판단했다.

　한편 랍비 유다는 가게 앞에서 곡물을 선별해 가지런히 정돈하
는 행위를 금하기도 했다. 손님에게, 그 가게에만 정선된 상품이
갖춰져 있는 듯한 인상을 준다는 게 그 이유였다. 이에 대해서는
다른 랍비들도 동의했다. 그뿐만이 아니었다. 상품을 착색하거나
보기 좋게 하여 이용자의 눈을 속이는 행위도 금지했다.

　지금으로부터 1,700년도 더 지난 시대를 살았던 랍비들은 "만
약 밀이 판매가격에 걸맞는 품질이라면 판매자와 구매자 모두 거
래를 취소하지 않는다"는 교훈을 남겼다. 이는 사실 거래의 기본
이다. 거래가 완전하게 이루어지려면 무엇보다 상품의 질이 좋아
야 한다.

서비스에 차별을 두지 마라

유대인은 비즈니스를 미화하지 않는다. 그들은 '장사'라는 행위
를 똑바로 직시하고 바람직한 비즈니스와 시장 공략을 생각한다.
말하자면 비즈니스는 구매자와 판매자가 서로의 이익을 확보하
기 위한 공방전이다. 판매자는 오로지 상품의 판매량과 판매고,
그리고 얼마만큼의 이윤을 확보할 수 있는가에 관심이 있다. 반
면 구매자는 상품의 품질과 성능, 그리고 어떻게 해야 저렴한 가

격에 구입할 수 있는가에 주의를 기울인다. 만일 정가판매가 아니라면 상품을 둘러싼 흥정은 그야말로 커다란 긴장감을 몰고 오기 마련이다.

유대인들은 비즈니스 현장에서 일어나는 다양한 일에 대한 정확한 관찰을 통해 많은 글을 남겼다. 그 가운데 가장 오래된 것은 아마 「잠언」의 한 구절이 아닐까 싶다. 이는 기원전 10세기 솔로몬이 통치하던 시절까지 거슬러 올라간다.

"구매자는 물건이 '나쁘다! 나쁘다!' 하다가도 사서 돌아간 후에는 자랑하느니라."

물건을 사고파는 광경을 적절하게 잘 표현한 구절이라 생각한다. 실제로 구매자는 물건의 트집을 잡아 판매자가 값을 내리게 하려는 경향이 강하다.

한편 판매자는 먼저 구매자의 등급을 분류한다. 대응을 달리하기 위해서다. 일반적으로 판매자는 일용품을 구입하는 고객에 대해서는 서비스가 그리 좋지 않지만, 고급품을 살 것 같은 손님에게는 매우 정중한 태도를 취한다. 이런 태도와 관련해 탈무드에는 다음과 같은 예가 나온다.

"손님이 등유를 사러 오면 주인은 "저기서 무게를 달 수 있으니 알아서 다세요"라고 말한다. 하지만 고가의 향유를 사러 온 손님에게는 "잠시만 기다려 주십시오. 곧 향유를 달아서 가지고 오겠습니다"라고 말한다."

가게 주인은 아주 사소한 일에도 신경을 써서 향유를 사러 온 손님의 마음을 즐겁게 만든다. 그래서 다음에도 찾아올 수 있게 노력한다.

탈무드에서는 이 이야기를 통해 등유라는 일상의 소모품을 사려는 손님과 사치품인 향유를 사는 손님을 차별하는 가게 주인의 나쁜 자세를 꼬집고 있다. 이처럼 랍비들은 기본적으로 대중의 입장에서 사물을 바라본다.

넷째, 거래는 쌍방이 대등한 입장에서 이루어져야 한다. 왜냐하면 상대방이 부자든 가난하든, 고가의 상품을 사는 손님이든 염가의 상품을 사는 손님이든 간에 그 행위 자체에 인간적인 구별이 있으면 불공평하기 때문이다. 탈무드는 이러한 차별에 유대인이 민감해야 한다고 가르친다.

어느 날 랍비인 후나가 괭이를 둘러메고 있었는데, 그곳에 하나 바르하니라이가 찾아왔다. 선배를 본 그는 자기에게 괭이를 달라고 말했다. 그러나 아무리 봐도 후배가 괭이를 메고 있는 모습이 자연스럽지 않았다. 그래서 선배인 후나가 말했다.

"만약 자네가 항상 마을에서 괭이질을 하고 있었다면 나의 일을 대신해 주게. 하지만 만약 그렇지 않았다면 자네는 괭이질 같은 농사일을 가볍게 여기는 것이 되네. 나의 일을 일부러 도와줄 생각으로 괭이를 잡는다면 고맙긴 하지만 마음이 불편할 따름이네."

다섯 번째, 타인의 소유권을 침해하지 않도록 타인과 다른 분야의 일을 선택하도록 권한다. 유대에는 '모두가 한쪽으로 쏠려

버린다면 세상은 전복되고 말 것이다' 는 속담이 있다.

아무리 소수민족이라도 유대인 모두가 똑같은 일을 한다면 비즈니스가 제대로 이루어질 리 없다. 모두가 함께 쓰러질 게 분명하다.

탈무드는 완곡하게 강조한다.

"성서는 다윗의 말을 빌려 '그 벗에 악을 행하지 말며' 라고 말하고 있다. 이 말의 의미는 이웃의 직업에 끼어들지 말라는 뜻이다."

아무리 친구의 사업이 번창하더라도 그것은 하느님이 그에게 부여한 직업일 뿐이며 여러분이 그 일에 동참해도 괜찮다는 뜻은 아니다. 타인의 일을 함께해도 괜찮을 때는 친구의 권유가 있었을 때이다. 이런 상황을 제외한다면 여러분은 자신에게 맞는 일을 스스로 개척해야만 한다. 그렇게 하면 타인과 경쟁이 없는 만큼 높은 이익을 기대할 수 있다. 장사를 하는 사람은 바로 이런 점에 착안해야 한다.

신중하게 생각하고, 싸게 사라

그렇다면 구매자는 어떤 점에 주의해야 할까?

첫째, 얼마나 싸게 제품을 구입할 것인가에 관심을 가져야 한다. 랍비들도 이와 관련해서는 어떤 의견 대립도 없다. 정리하면 이렇다.

"매력 있는 물건이 세 개 있다. 집을 생각할 때는 토지, 남편을 생각할 때는 아내, 그리고 고객을 생각할 때는 싸게 사는 것이다."

그래서일까? 탈무드는 "가격이 내려가면 바로 사라"고 단순 명쾌하게 충고한다. 구매할 때의 문제점은 '무엇을 기준으로 싸다고 판단하느냐'다.

탈무드에는 이에 대한 부연 설명이 없다. 좋은 상품을 싸게 사는 일은 이미 유대인 사이에서 상식으로 통하고 있기 때문일 것이다.

둘째, 적절한 가격으로 상품을 사려면 신중하게 생각해야 한다. 영어로 'Speculation'은 투기를 의미하지만, 이 말의 본래 의미는 '숙고'다.

급히 서두르면 좋은 구매가 이루어질 수 없다. 「잠언」의 또 다른 대목에는 이런 성급함을 경계하여 "악한 눈이 있는 자는 재물을 얻기에만 급하고 빈궁이 자기에게로 임할 줄은 알지 못하느니라"고 나와 있다. 성급하게 물건을 구입하기보다 평소에 가격 변동과 시장 동향을 주의 깊게 관찰하는 것이 구매의 가장 좋은 방법이다.

그리고 거래를 할 때는 그 시점에서의 시가로 결제를 해야 하며, 투기할 목적으로 구입해서는 안 된다.

이와 관련해 탈무드는 다음과 같은 사례를 소개한다.

어떤 사람이 농장에 가서 작은 호박을 사려고 했다. 그러자 농부는 "아니 조금만 더 기다리세요. 호박이 더 크면 그때는 얼마든지 지금의 가격에 큰 것으로 팔 테니"라고 말했다. 이에 대해 랍비들은 만약 그 자리에 이미 다 자란 커다란 호박이 있다면 그때의 시가로 사도 좋지만 커다란 호박이 없는데 나중에 그것을 시가 이하로 팔겠다는 약속은 정당한 행위로 인정할 수 없다고 판단했다. 그래서 농부의 제안은 무효라는 판단을 내렸다.

또 다른 사례를 살펴보자.

A가 B로부터 올리브유 1톤을 100,000원에 사겠다는 계약을 했다. 그날 A는 차를 끌고 오지 않아서 한 주가 지난 다음에 거래를 위해 다시 찾아갔다. 그런데 일주일 후 기름의 시가는 1톤당 120,000원으로 올라 있었다. 그래서 B는 A에게 120,000원으로 거래해야 한다고 주장했다.

이 경우 B가 일주일 전에 A를 위해 올리브유를 다른 용기에 담아 두지 않았다면 A는 기름이 시가 100,000원으로 내려가기를 기다릴 수밖에 없다. 왜냐하면 A가 계약한 것은 100,000원의 기름이지 120,000원의 기름은 아니기 때문이다. 그러나 만약 일주일 전에 A를 위해 기름을 다른 용기에 옮겨 놓았다면 그 용기 속에 담긴 기름을 A의 소유라고 확정한 것이므로 시가와 관계없이 A는 100,000원으로 거래할 수 있는 권리를 갖는 셈이다.

어느 쪽이든 나중에 문제를 일으키지 않으려면 상담이 성립되는 시점에서 구입 조건을 명확히 해 놓아야 한다. 그런 의미에서 보면 점포 앞에 진열해 놓은 상품을 싸게 구입하는 쪽이 현명하며, 상품이 싸지면 그때 살 거라는 투기성 예약 방식은 피하는 게 좋다.

당장은 다른 상품이 필요한 듯한 얼굴을 하라

세 번째로 유의할 점은 가격교섭이다. 전 세계적으로 봐도 정가나 정찰가가 명시되어 있는 상품은 극히 일부에 지나지 않는다.

랍비들은 가격교섭을 하려면 '본인이 구입하려는 상품에 관한 이야기를 빨리 꺼내지 말라'고 조언한다.

어느 날 랍비인 조나단이 콩을 사려고 시골의 친척에게 가격을 물었다. 그러자 친척은 자신의 마을에서는 이 정도의 가격에 팔리고 있다는 편지를 보내왔다. 조나단은 그 가격이 싸다고 여겨 곧바로 그곳으로 콩을 사러 갔다. 이것저것 꼼꼼히 품질을 살펴본 후, 혹시나 하는 마음에 가격을 물어봤다. 그러자 상인은 "손님이 지금 사려는 콩은 물건이 희귀해 가격이 비쌉니다. 밀이면 좀 싼데 말이죠"라고 말했다. 하는 수 없이 그는 높은 가격으로 그 콩을 샀다.

나중에 이 이야기를 전해 들은 친척은 조나단에게 충고했다.

"넌 흥정에 대해 잘 모르고 있구나. 콩이 필요하더라도 당장은 다른 것이 필요한 듯한 얼굴을 보여야 해. 그랬다면 상인의 입에서 '콩이라면 싼 가격에 줄 수 있다'는 말이 나왔을 텐데……."

유대인의 영웅 모세는 뛰어난 교섭능력으로 이집트의 왕 파라오를 굴복시키고, 60만 명의 이슬람 민족을 이집트로부터 탈출시켰다. 하지만 「출애굽기」의 서두 부분을 읽어보면, 그 역시 처음에는 교섭에 실패했다. 그가 대뜸 국왕에게 60만 명의 이슬람 민족을 해방시키라고 요구했기 때문이다. 아무리 교섭을 잘한다고 해도 이쪽에서 먼저 요구한다면 이익이 나지 않는 법이다.

이런 점과 관련하여 성서에서는 유대인에게 이렇게 충고하고 있다.

"욕심이 많고 성급하게 부를 축적하려는 사람은 오히려 손해를 부르게 된다."

이런 정신에 대해 유대의 신비주의자들은 다음과 같이 조언한다.

"타인에게 부탁하러 갈 때는 먼저 용건과 관계없는 다른 이야기를 꺼내십시오. 절대 당신의 요구사항을 먼저 꺼내서는 안 됩니다."

의외라 여길지 모르지만 성급함은 교섭을 실패로 이끄는 가장 큰 원인일지 모른다.

랍비들은 천천히 교섭에 임하도록 가르치는 한편 물건을 살 마음이 없으면 상품의 가격을 묻지 말라는 에티켓도 가르치고 있다. 탈무드에서도 "살 의지가 없으면서 '이건 얼마죠?' 라고 물어서는 안 된다"고 충고한다.

값을 물어보면 으레 장사꾼들은 '물건을 살 의사가 있구나' 라고 판단하여 매우 정중하게 대한다. 랍비들은 장사꾼은 정중하게 대했는데 손님은 정작 물건을 살 마음이 없다면 불공평하다고 생각했다.

약자의 모든 권리를 계약서에 남겨라

유대인과 비즈니스를 하고 있는 일본측 기업 담당자 중에는 그들의 계약조건이 너무나 세부적인 데 놀라서 비명을 지를 정도라고 말하는 이들이 있다. 유대인 스스로도 '계약의 민족'임을 인정할 정도니 그들이 계약서에 완벽을 기하는 것은 당연한 듯하다.

이러한 유대인의 계약 습관은 지금으로부터 4,000년 전 그들의 선조가 메소포타미아 지방에 살고 있을 무렵부터 시작되었다. 메소포타미아에서는 거래를 할 때마다 증서임을 표시하는 문서를 작성하여 점토판에 새겨 넣은 다음 보존했다. 이것이 흔히 말하는 설형문자다. 최근 들어 이러한 문서가 고대 메소포타미아의 앗시리아나 우가리트의 유적발굴단 조사를 통해 대량으로 발견되면서 유대인이나 아랍인들의 선조가 법에 대해 어떤 사상을 가졌었는지 조금씩 밝혀지고 있다.

유대인들이 그들 자신을 계약의 민족이라고 말하는 것은 하느님인 여호와와 계약을 맺은 민족이라는 뜻이지, 결코 대인관계에서 계약을 중시하겠다는 의미는 아니다. 그러나 실제로 유대인의 생활에서 계약이 중요 요소로 등장하고 있음을 부정할 수 없다.

그 대표적인 예가 결혼에 앞서 신랑이 신부에게 건네는 결혼서약서다. 보통 이 결혼서약서에는 예물의 금액, 결혼생활에서의 부양의무, 도중에 이혼을 할 경우 아내에게 지급할 위자료, 과부가 될 경우 지불해야 할 유산 등이 명기되어 있다. 이것은 신랑은 물론 증인의 서명이 있어야만 비로소 효력을 발휘한다.

신랑이 신부에게 건네는 결혼계약서야말로 유대인의 계약관을 상징하는 가장 대표적인 것이라 하겠다. 계약이 당사자 간에 대등한 관계로 맺어진다고는 하지만 기본적으로는 약자의 권리와 입장을 보호한다는 취지로 이루어지고 있는 게 사실이다. 그래서 사회적으로 강자의 입장에 있는 남성이 약자인 여성에게 결혼서약서를 제출하지 않으면 결혼은 성립되지 않는다.

하느님과 유대인 사이에 이루어진 계약에 관한 고사도 똑같은 의미를 가진다. 하느님과 인간 사이의 계약에서도 하느님이 비록 전지전능하기는 하지만 인간의 협력 없이는 우주를 제대로 경영하기 곤란하다는 점이 나타나 있다. 다시 말하면 하느님은 계약을 통해 스스로의 약함과 겸손을 드러내고 있다고 할 수 있다.

유대인은 계약을 할 때 자신이 약자라는 전제 아래 모든 가능성을 염두에 둔다. 그리고 약자로서 자신이 요구할 수 있는 모든 권리를 계약서에 문서조항으로 남기려 한다.

그들만의 생활철학 '생존(Survival)'

안식일이나 유월절을 통해 느낄 수 있는 유대인만의 독자적인 생활철학이란 과연 무엇일까? 한마디로 말하면 생존, 즉 살아남는 일이다. 한 사람이라도 살아남는다면 큰 집단이 될 가능성은 열려 있다. 유대 민족의 희망은 바로 여기에 있었다.

유대인이 다른 민족과 크게 다른 점 가운데 하나는 매주 토요일을 자신들의 휴일 '안식일'로 정하고 줄곧 이 관행을 지켜왔다는 사실이다.

유대인의 이런 독특한 관습은 역사상에 그들의 존재가 알려진 이후, 즉 모세가 이스라엘의 12부족에게 십계를 맡긴 기원전 1280년경부터의 전통으로 알려져 있다.

뉴욕의 모셰 에텐베르그 교수는 피라미드 시대의 이집트인이 6일간 일하고 7일째에 쉬면서 음악이나 놀이에 빠져 있는 모습을 그린 벽화에 착안하여, 유대인은 주휴週休 제도를 이집트인에게서 배웠다는 가설을 제기했다. 이 가설에 대한 증명은 아직 이루어지지 않았는데, 이집트학이나 역학을 연구하는 전문가들의 손을 통해 판명되기를 바라는 마음이 간절하다.

우리가 오늘날 채택하고 있는 일요 휴무제는 기원후 4세기 무렵 로마제국에서 제정되었다. 다시 말하면 321년 황제 콘스탄티누스 1세의 명령으로 그리스도를 기념하여 일요일을 휴일로 정했는데, 줄곧 그 전통이 이어져 내려오고 있는 것이다.

서양에서는 보통 관청, 기업, 상점이 일요일에 문을 닫는다. 왜냐하면 일요일은 모두가 교회에 가는 날이기 때문이다. 휴일을 영어로 'Holiday(성스러운 날)'라고 하는 이유가 여기에 있다. 놀이를 위해 쉬는 경우에는 'Vacation(휴가)'이란 용어를 사용한다.

이것은 그들에게 하나의 상식이다.

일본에서는 1872년 11월 서양의 태양력을 사용하게 되면서부터 주휴제가 시작되었다. 그 이전에 일본에서는 여름의 추석(일본의 경우 추석을 음력이 아닌 양력으로 지낸다-역주)과 겨울의 정월을 제외하면 특별히 정해서 쉬는 휴일이 없었다.

일본의 경우 대개 관청이나 기업은 일요일에 쉰다. 상점이나 레스토랑과 같은 서비스업의 경우에는 일요일이 돈을 벌 수 있는 절호의 기회라 절대로 쉬는 일이 없다.

1,000년 이상 내려온 일본의 전통도 이러한데 그보다 두 배 이상의 역사를 지닌 유대인의 행동(안식일을 소중히 여김)은 어쩌면 너무나 당연하지 않을까?

유대인의 안식일은 금요일 저녁부터 토요일 밤까지로 이때에는 모든 노동이 금지된다. 왜냐하면 천지를 창조하고 아담과 이브를 만든 지 7일째 되는 날 하느님이 노동을 하지 않고 휴식한 것을 기념하여 유대인도 노동을 하지 말고 쉬라는 명령이 성서에 나와 있기 때문이다.

"안식일을 기억하여 거룩히 지켜라. 엿새 동안은 힘써 네 모든 일을 행할 것이나 제 칠일은 너의 하느님 여호와의 안식일인즉 너나 네 아들이나 네 딸이나 네 남종이나 네 여종이나 네 육축이나 네 문 안에 유하는 객이라도 아무 일도 하지 말라."(「출애굽기」 20장 8~10절)

이때는 물론 교통기관도 움직이지 않는다. 집에서 목수 일을 하거나 정원의 잔디를 손질하는 일도 없다. 그뿐만이 아니다. 요리를 만들어서도 안 된다. 집안에서 먹을 음식은 금요일 저녁까지 미리 만들어 두어야 하는데, 그것을 따뜻하게 하는 일 정도는 가능하다.

호텔에서는 엘리베이터가 각층에서 정지하든가 두 개 층씩 멈추어 서는 자동식 스위치로 바뀐다. 식사는 예약손님에 한해 미리 정해진 메뉴가 준비되며, 금전을 주고받는 일이 있어서는 안 된다.

그렇다면 그들은 안식일에 무슨 일을 할까? 금요일 저녁에 가족과 함께 천천히 식사를 즐기고 토요일 아침에는 교회에서 예배를 본다. 그리고 오후가 되면 가볍게 낮잠을 잔 뒤에 성전 공부를 한다.

오늘날 이스라엘인 중 종교를 열심히 믿는 사람은 전체의 30퍼센트 정도에 불과하다. 물론 그들은 엄격하게 안식일을 지킨다. 그렇지만 최근에는 그런 종교적인 관습을 지키지 않는 유대인이 점점 늘고 있는 추세다.

그러나 유대교를 열성적으로 신봉하지 않는 유대인이라 해서 안식일의 속박에서 벗어날 수는 없다. 안식일에는 화려하게 놀 수 없기 때문에 그들에게 유일한 즐거움은 축구뿐이다.

축구는 선수에게 중노동이나 마찬가지라 유대교의 눈으로 본다면 일을 하지 말라는 규율에서 어긋나는 측면도 있다. 하지만 선수는 공공의 복지를 위해 안식일에 보란티어로 게임을 제공할

뿐이다. 유대교도 절대로 영리행위가 아니라는 주최자의 설명을
계기로 축구 경기를 허가하고 있다.

어쨌든 유대인에게 토요일은 완전히 노동으로부터 해방되는
날이다. 창조성 계발을 조건으로 한 이런 기분전환은 매우 의미
가 있다. 유대인만이 공유하는 하루는 그들의 창조성과 관련이
있다.

토요일 밤, 주위에 어둠이 내려앉고 안식이 끝나면 그들은 마
치 기다렸다는 듯 여기저기서 우르르 몰려나온다. 그래서 하루
종일 집안에 갇혀 있던 에너지가 단번에 폭발한 듯 마을이 떠들
썩해진다. 이 에너지는 일요일부터 시작되는 노동과 생산의 원동
력으로 이어진다.

미국은 일요일도 휴일이기 때문에 미국에 사는 유대인은 무조
건 주 2일의 은혜를 입는 셈이다. 그러나 유대인이 일요일에 쉬어
야 할 특별한 의무는 없다. 그래서 유대인 상인들은 기독교도들과
달리 일요일에 가게를 여는 경우가 많다. 일반적으로 유대인들은
일요일에 다양한 교육프로그램에 참가하거나 아이들을 유대인
학교에 보내는 등 생산성 창출을 위한 시간으로 활용하곤 한다.

이집트 탈출을 기념하는 행사, 유월절

유대인의 또 다른 특징 가운데 하나가 바로 '유월절(Passover)' 이

다. 이 역시 모세 이후의 전통으로, 기원전 1280년경 이집트에서 노예였던 유대인의 선조 60만 명이 집단으로 탈출한 역사를 기념한 축제다. 유대인은 선조들의 고난을 잊지 않으려고 이 축제가 열리는 7일간 효모가 없고 소금 맛만 나는 커다란 크래커를 빵 대신 먹는다. 그래서 이 날을 제효절除酵節이라 부르기도 한다.

일본 정월에 떡이 없으면 축제가 시작되지 않듯 이 크래커(헤브라이어로 '마차')가 없이는 유대인의 유월절이란 축제는 성립되지 않는다. 게다가 이 축제가 시작되기 전날 밤이면 유대인의 모든 가정에서는 이집트를 탈출한 사실과 관련된 전설이나 교훈을 한 권의 책으로 정리한 「하가다」를 읽는다. 노예에서 자유 신분으로, 슬픔에서 기쁨으로, 이것이 이 책의 테마다.

그 일부를 잠시 소개하기로 한다.

"우리는 이집트에서 파라오의 노예였다. 하지만 여호와 하느님이 구원의 손길을 뻗어 우리를 구원해 주셨다. 만약 하느님이 이집트로부터 우리 선조를 구원해 주지 않으셨다면 우리는 아직도 이집트에서 노예 생활을 하고 있을지 모른다.

우리를 멸하려고 하는 자가 옛날의 이집트 왕만 있는 것은 아니다. 시대를 막론하고 항상 그런 자들이 있어 왔다. 하지만 그때마다 하느님은 우리를 구원해 주셨다.

그렇기 때문에 우리 유대인은 어느 시대든 이집트에서 막 탈출한 사람과 같이 자신을 바라봐야 한다. 그리고 우리를 노예로부터 해방시켜 주신, 비애에서 환희의 세계로 이끌어 주신, 암흑의 세계에서 커다란 빛의 세계로 인도해 주신 하느님께 감사해야 한다."

유대인들은 매년 유월절이 돌아올 때마다 이 문장을 낭독했다. 이 문장은 그들의 의식을 현재에서 기원전 13세기의 모세 시대로 거슬러 올라가게 만든다. 그리고 모세와 함께 이집트를 탈출하면서 고난의 시간을 함께 나누던 그 시절 선조들을 생각하는 민족애를 불러일으킨다.

그들 중에는 왜 사회주의자가 많을까

세상에는 많은 민족이 존재하지만 그 민족이 자신들의 자유해방을 대외적으로 선언한 것은 18세기의 미국독립선언과 프랑스의 인권선언이 처음이라고 보는 게 일반적이다. 그러나 이런 선언과는 별개로 유대인은 훨씬 전부터 자유야말로 인간 생활의 가장 기본이라는 사실을 깨닫고 있었다. 이런 이유로 유대인 중에는 사회주의나 인권운동에 관심을 갖는 사람이 많다.

그 예로 마르크스, 소련 혁명의 트로츠키, 독일 공산당을 창립하여 활약한 여성혁명가 로자 룩셈부르크 등을 들 수 있다. 이 외에도 실질적인 사회주의 운동가로 미국노동연맹(AFL)을 창설하고 오랜 세월 동안 지도자 자리에서 군림해 온 사무엘 컴퍼스, 제1차 세계대전 이후 프랑스의 수상이 된 레옹 브룸, 제2차 세계대전 이후 프랑스 수상을 역임한 만데스 프랑스, 오랜 세월 동안 오스트리아 수상을 지낸 블루노 클라이스키 등이 있다.

제2차 세계대전 이후의 대표적인 이론가로는 1960년대 후반 현존체제의 전면적인 부정을 외쳐 신좌익에 이론적인 영향을 끼친 헤르베르트 마르쿠제가 있다. 사회사상가인 에리히 프롬은 인간의 사회심리에는 전체주의와 휴머니즘이라는 두 가지 조류가 있다는 사실에 착안하여 명저 『자유로부터의 도주』에서 나치즘의 전체주의를 비판했다. 이 책에서 그는 개인의 자유야말로 존중되어야 할 가치지만 전체의 권위에 의존하려는 안일한 심리가 인간의 마음에 작용한다는 사실을 날카롭게 지적하고 있다.

특이한 점은 1948년에 발족한 이스라엘이 사회주의공화국으로 출발했다는 사실이다. 흔히 '이스라엘'을 생각할 때 보수적인 매파인 리쿠드당을 떠올리는 사람이 많겠지만, 리쿠드당은 1977년부터 정권을 잡았다. 건국 초기에 이스라엘은 노동당이 주도권을 잡았다.

노동당이 정권을 잡은 데는 그만한 이유가 있다. 이스라엘이 독립하기 전 상호부조기관을 겸하고 있었던 이스라엘노동총동맹 팔레스티나의 유대인 자치조직이었기 때문이다. 그래서 독립 이후 이스라엘노동총동맹의 서기장을 역임한 벤구리온이 초대 이스라엘 수상으로 선출되기도 했다. 또한 건국 초기에 이스라엘을 개척했던 시오니스트들의 대부분이 동구 출신의 유대인 사회주의자들이었다.

윤리적 안전장치 '속죄의 날'

유대인을 이해할 때 한 가지 간과해서는 안 될 점이 있다. 바로 '속죄의 날'이다. 이날은 신년을 맞이하는 가을 행사 가운데 하나로 유대교도가 1년간의 죄를 하느님께 참회하고 꼬박 하루를 단식하는 날이다.

'욤 키푸르'란 말을 들으면 20세기 초반 독일의 유대인에게 지대한 영향을 끼친 프란츠 로젠츠바이크가 생각난다. 그는 사물의 본질에 대한 비판과 분석보다는 거기에서 어떤 의미를 찾아내느냐가 중요하다고 가르쳤다.

그는 청년 시절 종교상의 문제로 사촌인 유진 로젠스토크와 많은 논쟁을 벌이곤 했다. 로젠스토크는 기독교로 개종한 후 훗날 기독교의 유명한 신학자가 된 인물이다. 그는 로젠츠바이크가 그저 이름뿐인 유대교도라고 공격했으며 그럴 바에는 차라리 기독교로 개종해야 한다고 다그쳤다. 이에 로젠츠바이크는 일리가 있다며 스물일곱 살이 되던 해 여름 기독교로 개종했다.

그리고 그해 가을 '속죄의 날'이 돌아왔다. 기독교로 개종하긴 했지만 유대의 전통을 완전히 무시할 수는 없었다. 결국 그는 유대교회로 예배를 나갔다. 그런데 그때까지만 해도 별 의미가 없었던 '속죄의 날' 예배가 새롭게 다가왔다. 많은 사람들이 낮은 목소리로 말하는 콜 니드레(이스라엘 사람들이 속죄의 날에 하는 기도-역주)에서 자신이 유대인이라는 사실을 자각하게 하는 어떤 힘을 느꼈던 것이다.

그가 말했다.

"기독교도들은 하느님을 만나기 위해 교회에 간다. 하지만 유대인은 교회에 가든 가지 않든 상관없이 하느님과 함께하고 있다. 나는 속죄의 날 예배를 통해 이를 체험할 수 있었다."

예배가 끝난 후 그는 곧바로 유대교로 돌아왔다. 그리고 이 일을 계기로 유대인 청년들에게 유대교의 가치를 알리기 시작했다. 그 결과 그의 수하에서 마르틴 부버, 에리히 프롬 등 다수의 수재가 배출되었다.

하루 밤낮에 불과하지만 '속죄의 날'의 엄숙함은 다른 제일祭日과 비교가 안 된다. 유대인이 살고 있는 마을 전체가 침울한 분위기에 휩싸일 정도다. 속죄의 날은 하느님의 심판 앞에 선다는 형용할 수 없는 공포감을 그들의 깊숙한 내면에 심어 놓았다. 그래서 안식일이나 유월절을 가볍게 여기는 유대인이라도 속죄의 날로부터는 자유롭지 못하다.

이스라엘 유학 시절 나는 급진적인 사회주의자들이 조직한 키부츠에서 속죄의 날을 보낸 적이 있다. 평소에는 신앙과 담을 쌓고 지내던 사람들도 그날만큼은 아주 조심스럽게 하루를 보냈다. 또한 필자가 살았던 뉴욕의 아파트 옆에 있던 잡화상은 일요일 외에는 연중무휴로 장사를 해 유대인이라고 생각되지 않을 정도였다. 그런 그들조차 속죄의 날만큼은 가게를 닫았다.

헤브라이대학의 기숙사에서 같은 방을 썼던 메이르라는 학생도

원래 종교를 가지고 있지 않았다. 그런 그가 속죄의 날이 지난 다음 날 나에게 말을 건넸는데, 나는 그 말을 지금도 잊을 수 없다.

"평소 나는 유대교의 율법이나 규율을 무시했습니다. 하지만 속죄의 날이 다가오면 나쁜 짓을 저지른 것처럼 심각한 죄의식에 사로잡히지요. 자기혐오감이 들 정도입니다. 그래서 열성적으로 종교를 믿지 않더라도 이런 느낌에서 벗어나기 위해 평소 윤리적인 생활을 하려 했습니다. 저에게 속죄의 날은 윤리적 안전장치나 다름없습니다."

이런 의미에서 보면 속죄의 날에 느끼는 도덕적인 강박관념은 대다수 유대인들의 윤리의식을 고양시키는 데 큰 공헌을 한다고 할 수 있다.

참고로 이스라엘 이외의 나라에서 유대인의 범죄율을 조사해보았더니 유대인이 아닌 사람의 범죄율을 100으로 볼 경우 유대인의 범죄율은 50~67퍼센트로 훨씬 낮았다. 1920년대 미국 내의 유대인 인구는 전체의 3.5퍼센트에 지나지 않았지만 유대인의 범죄는 전체 범죄의 1.74퍼센트를 차지했다.

생활철학은 '살아남는 일'

18세기 이후, 유대인의 생활 각 방면에 걸쳐 근대화가 시작되었다. 그래서 지금은 유대인의 전통적인 행사를 지키지 않는 이들도 이전에 비해 훨씬 많이 늘었다. 하지만 안식일이든 유월절이든 속죄의 날이든 간에 그들이 이를 완전히 무시하면서 유대인으로 지내기란 매우 어렵다.

아무리 자신이 유대인임을 거부해도 다른 사회나 조직에 심리적인 동질성을 찾게 해 주는 뭔가가 없는 한 결국 어떤 형태로든 유대적인 행사로 회귀하여 자신들의 안식처를 찾을 수밖에 없기 때문이다. 동질성을 느끼게 해 주는 사회 속에서 나름대로 독자적인 생활철학을 발전시켜 나가는 것이다.

그렇다면 안식일이나 유월절을 통해 느낄 수 있는 유대인만의 독자적인 생활철학이란 과연 무엇일까?

한마디로 말하면 생존(Survival), 즉 살아남는 일이다.

유월절도 이집트 탈출을 기념하기 위한 행사지만 안식일 역시 그러하다.

"너는 기억하라. 네가 애굽 땅에서 종이 되었더니 너의 하느님 여호와가 강한 손과 편 팔로 너를 거기서 인도하여 내었나니 그러므로 너의 하느님 여호와가 너를 명하여 안식일을 지키라 하느니라."(「신명기」 5장 15절)

다시 말해 노예였을 때는 토요일이든 일요일이든 마음대로 쉴 수가 없었다. 하지만 지금은 하느님의 도움으로 자유인이 되었으니 감시자로부터 채찍질을 당하지 않아도 된다. 또한 매주 토요일이면 노동을 멈추고 쉬면서 안식일을 지킬 수 있게 되었다. 따라서 안식일은 노예생활로부터의 해방, 이집트로부터의 탈출을 기념하는 행사라 할 수 있다.

지상의 모든 억압으로부터의 해방이 안식일이나 유월절의 상징이라면 하느님에게 용서받는 것이 '속죄의 날'의 상징인 것이다. 랍비의 말에 따르면 이집트를 탈출한 후에 모세가 시나이 산 정상에서 하느님으로부터 십계를 내려받고 있는데, 산기슭에서 어떤 사람이 황금 송아지상을 만들고 이를 숭배하여 하느님의 노여움을 샀다고 한다. 속죄의 날은 이 고사에서 유래되었다.

이 사건이 있은 후 지도자 모세는 다시 시나이산을 올라 80일간이나 산에 머물며 하느님께 유대민족의 용서를 빌었다. 그리고 80일째가 되던 날 하느님은 그들의 죄를 용서했다. 이를 기념하여 시작된 행사가 바로 '속죄의 날'이다. 하느님에게 용서받고 다시 태어난 것을 기념하는 날인 셈이다.

유대인의 역사를 되돌아보면 그들은 단지 유대인이라는 이유만으로 주위의 여러 민족으로부터 공격받고 박해를 당했다. 비슷한 예로 구 유고슬라비아가 붕괴된 후 보스니아 이슬람교도들은 주위의 기독교도인 세르비아인으로부터 공격받고 살육을 당했다. 그저 종교가 달랐을 뿐인데 그런 조직적인 살육이 엄청나게 진행됐다는 사실이 그저 놀라울 뿐이다.

물론 유대인이 가해자가 된 예도 있다. 1994년 2월 말 헤브론의 이슬람사원에서 유대교의 과격파인 골드스타인이 예배 중인 팔레스타인 50여 명을 기관총으로 난사한 사건이 있었다. 이 역시 역사에서 지울 수 없는 비극이 아닐 수 없다. 이를 단순히 정신이상자에 의한 폭거라고 여겨서는 안 될 것이다. 또한 팔레스타인의 저항운동에 대한 이스라엘군의 필요 이상의 폭력적인 군사제재도 간과할 수 없는 일이다.

여하튼 수많은 박해 경험을 통해 유대인은 '어떻게 살아남아 생명과 전통을 후세에 이어주느냐'를 그들의 우선 과제로 삼게 되었다.

성서 시대의 어느 무명 유대인은 다음과 같이 고백했다.

"너는 또 네 하느님 여호와 앞에 아뢰기를 내 조상은 유리하는 아람 사람으로서 소수의 사람을 거느리고 애굽에 내려가 거기 우거하여 필경은 거기서 크고 강하고 번성한 민족이 되었더니."(「신명기」26장 5절)

한 사람이라도 무사히 살아남는다면 큰 집단이 될 가능성은 열려 있다. 유대 민족의 희망은 바로 여기에 있었다.

성공하려면 남보다 두 배 이상 노력하라

그들이 성공하기 위해서는 만인이 인정하는 일을 해야 했다. 그런 보편성과
가장 가까운 분야가 바로 자연과학 영역이다. 그래서 이 분야에서 유대인의
활약이 눈부신 것이다. 노벨상을 받은 유대인의 업적은 유대적인 색채를 느
낄 수 있는 일이 아니라 보편적인 가치로 평가되는 일들이었다.

유대인이 되기 위한 필요충분 조건

유대인은 자신들의 뿌리에 대한 관심이 매우 깊은 민족이다. 그래서 자신들이 어떤 민족인지 그들의 동질성에 대해 항상 물음을 던지곤 했다.

구약성서 시대 초기에는 사건이 생길 때마다 씨족·부족의 계통도를 확인하면서 '이스라엘 민족'이란 고리로 서로 이어져 있음을 확인해 왔다. 유대인의 선조가 아담과 이브로까지 거슬러 올라가느냐에 대해서는 일말의 의문이 남아 있지만, 그래도 그들은 자신들이 아브라함, 이삭, 야곱의 자손이란 사실을 조금도 의심하지 않는다. 설령 그 직계 자손이 아니더라도 계약을 통해 그들의 자손이 된 사실을 확인함으로써 공동체의식을 형성했고, 그 속에서 단결을 꾀해 왔다.

오늘날 유대인은 많은 나라에 흩어져 살고 있어 국적, 문화, 언어, 용모, 피부색 모두 가지각색이다. 중남미의 유대인은 스페인어를 사용하고 라틴 계열의 음악을 즐기는가 하면, 독일계 유대인은 독일어와 클래식을 선호한다. 또 예멘계의 유대인은 예멘 음악이나 식사를 즐기고 피부색도 갈색인 한편, 인도계 유대인은 외관상으로는 인도인과 전혀 차이가 없다.

이처럼 다양한 모습의 그들을 유대인으로 단결시키면서 아브라함, 이삭, 야곱의 자손으로 자각하게 하는 힘은 어디에서 나올까?

그 해답은 유대교에 있다.

이스라엘로 귀환한 유대인에게 시민권을 부여하는 조건이 규정되어 있는 귀환법을 살펴보면, 유대인을 다음과 같이 정의하고 있다.

'유대인이란 유대인 모친에게서 태어나 다른 종교로 개종하지 않은 사람, 혹은 유대인이 아니지만 유대교로 개종한 사람.'

부모가 함께 유대교도면 그보다 좋을 수는 없겠지만 필요조건만 따진다면 어머니가 반드시 유대인이어야 한다. 즉 아버지가 유대인이라고 해서 유대인으로 인정받는 것은 아니다. 아마도 해외로 흩어졌을 때 소수민족인 유대인 여성이 강간을 당하더라도 태어난 아이만은 유대 사회의 틀 속에서 유대인으로 키워야 한다는 가슴 아픈 과거에서 비롯된 사고방식이 아닐까 생각된다.

놀라운 점은 '유대인이 아니지만 유대교로 개종한 사람'도 유대인으로 인정한다는 사실이다. 부모의 국적과 상관없이 유대교를 믿고 있으면 유대인이라고 인정하는 것이다. 다시 말해 유대교도라는 사실은 유대인이 되기 위한 필요충분 조건인 셈이다.

유대교 안에는 여러 종파가 있다. 크게 구별하면 정통파, 보수파, 개혁파로 나뉜다. 보수파와 개혁파는 정통파로부터 분리되었다. 유대인이 이스라엘 시민권을 취득하려면 이 셋 중 어느 하나에 속해 있음을 증명해야 한다.

하지만 이스라엘의 정통파는 분리된 분파를 순수한 유대교로 인정하지 않는다. 그렇다고 시민권을 주지 않는 것은 아니지만 가끔 귀찮은 문제가 생기기도 한다.

예를 들어 이스라엘로 귀환한 보수파나 개혁파인 유대인이 이스라엘 정통파 유대인과 결혼할 경우, 정통파의 랍비가 그 결혼을 인정하려 들지 않아 문제가 발생하는 경우가 있다. 보수파나 개혁파인 경우 정통파 유대교로의 개종을 요구하기 때문이다.

유대인이 무신론자라면 어떻게 될까? 무신론이라는 종교는 종파가 없기 때문에 당연히 유대인으로 취급받지 못한다.

가장 귀찮은 상황은 유대교에서 기독교로 개종한 경우다. 이 경우 종교상으로는 더 이상 유대교가 아니기 때문에 유대인으로 취급해서는 안 된다.

하지만 기독교도 유대인들은 자신이 유대인이기 때문에 기독교를 선택했다는 의식을 버리지 못한다. 그래서 마음 한 구석에 자신이 유대민족이라는 연대감을 항상 가지고 있다.

전형적인 예로는 시인 하이네나 저널리스트 월터 리프만 등을 들 수 있다. 그들은 자신의 출생을 기피하여 기독교로 개종했지만 결국 유대적인 성향을 무시하지 못했다.

이 외에도 미국이나 이스라엘에는 비록 소수지만 헤브루 크리스천이라는 유대인 기독교도 그룹이 있다. 그들은 유대 사회에서 소외되고는 있지만 자신들이 유대인이나 마찬가지라고 공공연히 선언하고 있다. 이는 유대교를 믿는 유대인과의 대립을 초래한다.

가장 불행한 경우는 유대인과 유대교를 포기하고 기독교로 개종했는데 주위의 기독교도로부터 '저들은 원래 유대인이었다' 는 따가운 시선을 받는 사람들이다.

그 대표적인 예가 마라노(스페인어로 '돼지' 라는 뜻)라고 불렸던 유대인이다. 그들은 스페인의 이단 심문에서 기독교로의 개종을 강요받아 어쩔 수 없이 개종했는데 그런 취급을 받았다.

마라노의 비극에 대한 예를 들어보겠다.

1594년 영국에서는 엘리자베스 여왕 1세의 시의侍醫였던 로데리고 로페스가 여왕 암살계획에 가담했다는 이유로 처형되는 사건이 발생했다. 그런데 그가 유대 계열의 포르투갈인이었기 때문에 백성들 사이에 잠들어 있던 반유대 감정이 폭발되었다. 마라노가 원래 유대인이었다는 사실을 기독교도인 영국인들은 잊지 않았던 것이다. 영국인 셰익스피어는 이런 반유대적 감정에 편승하여 그 유명한 『베니스의 상인』을 썼다. 그리고 그가 만들어낸 유대인 샤일록은 전세계 사람들에게 '고리대금업자＝유대인＝교활하고 욕심이 많다' 는 편견을 심어 주는 계기를 만든다.

칼 마르크스의 경우를 살펴보자. 변호사였던 그의 아버지 하인리히는 아들 칼이 태어나기 바로 전 해인 1817년에 프로테스탄트로 개종했고, 1824년에는 자식들도 모두 세례를 받게 하여 기독교로 개종시켰다. 마르크스는 열다섯이 될 무렵부터 기독교와 독일 문화에 심취하게 된다.

성적 우수자에 모범적인 기독교도였던 칼은 독일의 명문 베스트팔렌 남작의 딸과 결혼했다. 하지만 그가 사회주의에 깊이 빠져들자, 아내의 집안에서는 그를 '무신론자 유대인' 이라며 멸시하였다. 그뿐만이 아니다. 그의 주변 사람들은 그때나 지금이나 그를 기독교도로 인정하지 않고 유대인으로 인식하고 있다.

노스트라다무스의 경우도 마찬가지다. 이미 1488년에 이루어진 샤를 8세의 유대인 강제 개종에 따라 노스트라다무스의 가족은 그의 할아버지 세대부터 모두 기독교로 개종한 상태였다. 그래서 그도 가톨릭교도로 자랐다. 그는 1529년 몽펠리에대학 의학부를 졸업한다. 당시 프랑스 사회에서는 가톨릭교도가 아니면 절대로 대학에 들어갈 수가 없었다. 그는 한때 이탈리아에서 카바라(유대 신비주의)를 배우기도 했지만 평생을 가톨릭교도로 살아갔다. 1564년에는 국왕 샤를 9세의 시의 겸 고문으로 임명되기까지 한다. 그런데도 세상에서는 아직도 그를 유대인으로밖에 취급하지 않고 있다.

한편 요셉 슘페터와 같이 유대인의 자식으로 태어났지만 모친의 재혼으로 빈의 귀족사회 구성원으로 편입되면서 유대인으로 취급받지 않은 사람도 있다. 세상에서는 그의 친아버지가 유대인이었다는 사실을 그다지 언급하지 않았다.

지금까지 살펴본 몇 가지 예들을 종합해 보면, 유대인을 유대인으로 인정하는 것은 기독교도 측의 자의적 판단에 따라 결정되는 경우가 많다. 그래서 일단 기독교도의 미움을 사게 되면 기독교로 개종을 하더라도 유대인으로 인식된다.

그들은 왜 차별받을까

유대인은 왜 차별을 받을까? 이 물음에 대한 답은 결코 쉽지 않다. 역사적으로 유대인들은 그들이 살던 땅의 원주민에게 '이방인'으로 비춰질 수밖에 없는 현실에서 살았다. 이것이 바로 차별을 받았던 원인 가운데 하나라는 생각이 든다.

유대인을 가리켜 '헤브루인'이라든가 '헤브라이인' 혹은 '이스라엘 민족'이라고 부른다. '이스라엘'이란 명칭은 그들이 선조라고 생각하는 전설상의 인물 야곱의 별명에서 유래한다. 즉 '선조 야곱 이스라엘의 후예'라는 의미다.

헤브루인은 헤브라이어로 '이브리'라고 한다. 학자들은 이것이 기원전 2000년에서 기원전 1500년경 메소포타미아에서 이집트에 걸친 지역에서 상업교역에 종사했던 '아피루'라는 무리일 것이라 추측하고 있다.

아피루가 이방인이듯이 헤브라이어의 '이브리'란 말도 '통과하는 사람'이란 의미다. 워싱턴의 홀로코스트기념관의 초대 사무총장을 역임한 랍비 세이모어 시겔 박사에 따르면, 유대인의 입장에서 볼 때 '헤브루'란 명칭은 굴욕적인 의미가 들어 있기 때문에 잘 사용하지 않았다고 한다.

유대인은 유대인에 대한 차별이 비교적 적은 미국으로 이주한 후부터 자신들을 '헤브루'라 부르기 시작했다. 1873년 미국에서 유대교의 개혁파 단체가 '미국 헤브루 신도동맹'을 만들었는데,

그것이 제1호였다. 그로부터 2년 뒤 유대인을 위한 대학 '헤브루 유니언 칼리지'가 신시내티에 설립된다.

이방인이 주위의 차별이나 편견을 없애는 가장 좋은 방법은 주위에 동화되는 일이다. 그런데 만일 유대인이 안식일 행사나 유대교의 축제를 그만두고 유대인임을 부정한다면 모든 일이 해결될까? 그렇게 하면 호모 사피엔스로서의 인권은 보장받을 수 있을지 모르지만 유대인의 동질성을 부정하는 게 된다.

사실 미국은 '인종의 도가니'라 불릴 만큼 다양한 민족이 뒤섞여 있다. 그런데 외관상의 인종 혼재와는 반대로 그 생활은 인종마다 서로 다르다. 아일랜드 이민계 자손들은 지금도 매년 2월이면 뉴욕에서 세인트 패트릭 기념 대행진을 펼치고 있다. 이탈리아 이민계 자손들도 콜럼버스 기념일에 의기양양하게 축제를 연다. 메이플라워호로 유명한 초대 청교도 자손들은 지금도 당시의 자긍심을 가지고 생활한다. 대부분의 흑인들도 노동감사일이 되면 노예 시절을 잊지 말자는 뜻에서 돼지머리로 스튜를 만들어 먹는다.

이런 상황에서 오직 유대인만 유대인성을 버려야 한다면 그것은 비극이 아닐 수 없다.

프랑스의 철학자 사르트르는 이런 문제를 해결하기 위해서 "유대인은 유대인성으로부터 탈피해야 한다"라고 제안했다. 이에 대해 프랑스의 유대인 철학자 알버트 멤미는 "사르트르의 말은 유대인성을 부정하는 것일 뿐 유대인을 구제할 수는 없다"고 격렬하게 부정했다.

집안에서는 유대인, 밖에서는 평범한 사람

1944년 노벨상을 수상한 물리학자 이시도르 이삭 라비는 어렸을 때 가족과 함께 헝가리에서 미국으로 건너갔다. 그는 코넬대학을 우수한 성적으로 졸업했지만 유대인이라는 이유로 마땅히 취직할 곳이 없었다. 겨우겨우 취직한 곳이 뉴욕시립대학의 비상근 조교였다. 그가 콜롬비아대학의 교수로 임명된 것은 노벨상을 수상한 후로도 6년이 더 지나서였다.

미국의 원자력 개발의 리더로 잘 알려진 필립 스폰은 1917년 콜롬비아대학을 졸업한 후 벨연구소에 취직하려 했다. 면접시험에서 그는 "당신은 어느 교회에 소속되어 있습니까?"라는 질문을 받았다. 그는 정직하게 "유대교입니다"라고 대답했는데, 채용시험에서 떨어지고 말았다.

이런 예들은 미국에서 반유대적인 풍조가 가장 번성했던 시절의 이야기다. 당시 자유의 땅 미국에서 유대인이 살아남으려면 자신의 유대인성을 감추고 주변에서 인정하는 완벽한 비유대인이 되어야 했다. 그렇지 않으면 주변 사람한테서 따가운 의심의 눈초리를 받아야 했다.

루스벨트 대통령 재임 당시 재무장관을 역임한 헨리 모겐스는 자신의 소년 시절을 다음과 같이 회상하고 있다.

어느 날 모겐스가 어머니에게 "우리 집의 종교는 뭐죠?"라고 물었다.

그의 어머니가 대답했다.

"우리 집 말이냐? 명심하거라. 사람들에게서 그런 질문을 받았을 때는 아무렇게나 대답해서는 안 된다. 반드시 '우리는 미국인인데요' 라고 대답해야 한단다."

이런 사고방식은 19세기의 유대인 시인 유다 고든이 "집에서는 유대인, 밖에서는 그저 평범한 사람이 되어라"고 말한 데서 유래하였다. 이 말은 유대의 전통에 따라 생활관습을 지키는 일도 중요하지만 일단 밖에 나가면 주위 사람들과 별반 차이가 없는 듯이 행동하라는 뜻이다.

일단 자신이 유대인임을 인정하면 그는 계속 차별을 받게 된다. 그렇기 때문에 무슨 일이 있어도 자신이 유대인이라는 사실을 밝혀서는 안 된다. 이것은 제2차 세계대전까지 지속되었던 유대인만의 살아가는 지혜였다.

성姓을 바꾸다

유대인이라는 사실을 감추는 가장 손쉬운 방법은 바로 '개명改名'이었다. 보기만 해도 유대인이라는 사실을 알 수 있는 성姓을 바꾸는 것이다.

참고로 전형적인 유대인의 성을 몇 가지 들어보겠다.

코헨, 콘, 레비, 리바이, 레빈, 카츠, 라비, 루빈, 골드, 실버, 메이어, 즈카, 슈가, 그린, 블랙, 슈월츠, 멘델, 슈타인, 레온, 모젠, 굿맨, 와이즈…….

이들 성은 듣기만 해도 금방 유대인임을 알 수 있다.

그래서 영국에 사는 유대인들은 영국풍으로, 프랑스에 사는 유대인은 프랑스풍으로 성을 고쳐 자신이 유대인이라는 사실을 사회에 드러내지 않으려 했다.

스미스, 밀러, 가필드, 바론, 데이비스, 브라운, 오스틴, 쿠크, 올리비에, 크리스천, 모랑쥬, 롯슈브류뉴…….

이런 식의 이름은 이름만 들어서는 그가 유대인인지를 판단할 수 없다.

콜롬비아대학의 일본학 교수인 제랄드 커티스도 이름만으로는 유대인임을 짐작할 수 없다. 하지만 그의 친구들은 커티스 교수가 유대인이라는 사실을 알고 있다. 유대인성을 완전하게 바꾸기는 어렵기 때문이다.

결국 유대인들은 인종차별을 극복하기 위해 보다 더 효과적인 해결책을 찾아야 했다. 그래서 유대인이라는 사실을 알리면서 주변 사람들에게 존경을 받을 만한 공적을 쌓기 시작한다.

만인이 인정하는 일로 성공하라

미국 유대교인이면서 뛰어난 지도자였던 19세기의 아이작 와이즈는 "우리는 완전무결한 미국인이 되어야만 한다"고 말했다. 다시 말하면 유대인으로서는 결점이 있더라도 공공의 시민으로서 결점이 있어서는 안 된다는 이야기다.

'완전무결한 미국인'은 유대에 대한 충성보다 먼저 미국에 충성할 것을 요구한다. 또 일을 하면서 실수를 하지 않는 시민이 되기를 바란다.

따라서 그들이 다루는 일의 조건에는 완전무결하면서도 주위의 기독교도에게 모범이 될 만한 높은 수준의 완성도가 포함된다. 달리 말하면 유대인이 성공하기 위해서는 만인이 인정하는 일을 해야 했다. 그런 보편성과 가장 가까운 분야가 바로 자연과학 영역이다. 그래서 이 분야에서 유대인의 활약이 눈부신 것이다. 노벨상을 받은 유대인의 업적은 유대적인 색채를 느낄 수 있는 일이 아니라 보편적인 가치로 평가되는 일들이었다.

특히 사회학자 에밀 뒤르켐, 철학자 헨리 베르그송, 경제학자 폴 사뮤엘슨 등의 이론은 전세계의 지식인이 받아들일 수 있을 만한 내용이다. 그들은 특별히 유대인의 사상을 특화시키고 있지 않다.

예술도 마찬가지다. 근대 이후의 유대인 작곡가에 대해 연구한 르네 레이보비치는 "유대인 작곡가가 유대적인 음악 표현으로 서양의 음악 양식을 풍요롭게 해 준 예는 전혀 없다. 서양의 유대인 작곡가는 무엇보다 먼저 서양의 작곡가여야 한다"고 말했다.

미술 분야에서는 피사로, 샤갈, 모딜리아니, 샹 등이 유대인 화가로 유명하다. 하지만 세잔이 절찬한 피사로의 회화는 그 어디에서도 유대적인 분위기를 찾아볼 수 없다. 샤갈의 그림은 환상적이지만 그가 유대적인 모티브를 그림 속에 새겨 넣은 것은 자신의 명성이 확립된 뒤에도 아주 오랜 시간이 지난 제2차 세계대전 이후부터였다. 모딜리아니가 그린 일그러진 인물상은 제1차 세계대전 후의 사회적 불안을 상징한다는 높은 평가를 받고 있지만 이것도 특별히 유대적인 그림은 아니다. 샨의 작품에는 헤브라이 문자가 쓰여 있는데 어딘지 모르게 샤갈 풍의 이미지를 자아낸다. 그러나 샨의 작품에 유대적인 디자인이 등장하는 시기도 1950년대부터다. 다시 말해 제2차 세계대전 후, 구미 사회로부터 유대인에 대한 편견이나 차별이 사라진 뒤부터였다.

유대인성이 예술적 가치로 인정받은 분야를 꼽으라면 단연코 문학 분야다. 그 예로는 1966년 노벨 문학상을 수상한 슈무엘 요세프 아그논과 넬리 작스, 그리고 1978년에 수상한 아이작 바셀비스 싱어가 있다. 이 세 사람은 모두 여러 각도에서 유대인의 생활을 그려 노벨상을 수상했다. 하지만 이는 노벨 문학상이 다양한 민족의 미학과 이상을 그리고 있는 작품까지도 그 대상으로 삼았기 때문에 가능한 일이었다. 한편 시인 하이네는 노벨상을 수상하지는 않았지만 청춘의 서정을 화려하게 읊어 만인의 지지를 얻었고, 문호 카프카는 유대인으로서가 아닌 개인의 실존에 대한 물음으로 오늘날까지 많은 사랑을 받고 있다. 노벨상을 수상한 보리스 파스테르나크는 개인의 자유가 작품의 주축을 이루고 있다. 유대인을 주제로 삼지 않았던 그들은 아그논이나 작스, 싱어보다 폭넓은 지지를 얻고 있다.

다른 사람보다 두 배 이상 노력하라

유대인이 고난이도의 힘든 작업을 완수할 수 있었던 비결은 무엇일까? 이에 대한 답을 영화배우 커크 더글러스의 소년 시절에서 찾아보도록 한다.

커크 더글러스의 본명은 이스라엘 다니에로비츠로 유대인 가정에서 태어났다. 어려서부터 그는 "너는 유대인이기 때문에 성공하려면 다른 사람보다 두 배 이상 노력해야 한다"는 어머니의 말을 귀에 못이 박히게 들었다.

여기에 바로 유대인의 성공비결이 숨어 있다. 이것은 사회적 차별을 극복하기 위한 유대인이 가진 최고의 지혜라 할 수 있다. 역설적이지만 유대인에 대한 차별이 있었기 때문에 오히려 그들에게 강한 상승욕구가 생겨났던 것이다. 사회적인 차별이 유대인을 공부하게 했고, 사회적으로 성공하게 했던 것이다.

차별과 편견을 극복하고 성공하기 위해서는 남다른 노력이 필수 불가결한 것이다.

성공할 수밖에 없는 비결

마지막까지 절망하지 마라. 그 이유는 세상 어딘가에는 분명히 활로가 있을 것이기 때문이다. 전후좌우가 막힌 상황이라면 의외로 바로 위가 뚫려 있을 지도 모를 일이다.

비즈니스는 흥망과 성쇠가 끊임없이 반복된다. 계속 발전하고 번영하는 기업은 있을 수 없다. 그래서 기업은 호황이나 불황의 파도를 어떡해서든 헤쳐 나가고 살아남아야 하는 과제를 안고 있다.

이제 막 21세기가 시작되었고, 여전히 인류의 미래는 불확실하다. 그래서 더더욱 우리는 불우한 환경을 극복하면서 다방면에서 눈부신 활약을 펼쳤던 유대인으로부터 배워야 할 점이 많다.

이 책의 후반부에서는 성공한 유대인 사업가를 몇 명 소개할 것이다. 그 전에 그들이 성공할 수밖에 없었던 비결 몇 가지를 정리해 보도록 한다.

정확한 정보를 수집하라

외부와의 접촉을 거절하게 되면 비즈니스가 이루어질 수 없다. 정보가 비즈니스의 기회를 창출하며, 결과적으로 부가가치를 가져다 주기 때문이다.

하지만 정보나 데이터를 있는 그대로 받아들여서는 안 된다. 아무리 좋은 정보라도 그것은 과거의 잔상에 지나지 않기 때문이다.

경제전문가인 카우프만은 대차대조표도 액면 그대로 믿어서는 안 된다고 말한다. 숫자가 전부인 세계에서도 그 숫자를 의심해야 한다는 말이다.

정보라는 말은 원래 '정세보고'의 줄임말이다. 정보는 사회의 변화와 시장의 움직임을 하나하나 정확히 파악하고 나서야 비로소 정세보고가 될 수 있다.

성공한 비즈니스인을 대표하는 로스차일드 일족을 비롯해 톱 클래스를 차지하는 유대인들은 자신이 거래하는 범위 내에서의 정보수집에 그치지 않고 다른 거래처에 관한 정보까지 수집했다고 한다. 그들은 항상 상대방의 동향을 살폈으며, 정보를 직접 수집했다. 타인과 똑같은 정보만 가지고는 언제까지고 다른 사람의 뒤만 쫓게 되어 있다는 것을 알고 있었던 것이다.

겉과 속이 일치하는 상품을 팔아라

비즈니스는 상품과 서비스를 공급받는 고객들이 그것을 환영할 때 비로소 성립된다. 그러기 위해서는 가격에 상응하는 품질로 승부해 결코 소비자의 기대를 저버리는 일이 없어야 한다.

예를 들어보자. 일본에서는 투명도(Clarity)가 낮은 H, I, J급의 다이아몬드라도 최고급품인 듯이 선전되고 있다. 그러나 다이아몬드의 본고장이라 할 수 있는 이스라엘에서는 투명도 A 혹은 B만 최고급품으로 인정하며, C급이나 D급이 그나마 고급품으로 팔리고 있다.

그 외의 항목은 둘째치고라도 명성에 걸맞는 제품, 거짓이 없는 제품을 만드는 일은 매우 중요하다. 유대인들은 모든 이가 인정하는 진품을 취급하는 일이 비즈니스의 기본이라고 생각한다.

고객의 요구사항을 파악하라

배가 부른 사람은 더 이상 먹을 것을 요구하지 않는다. 아무리 음식이 맛있어도 배가 부른 상태에서는 먹는 행위 자체가 고통인 것이다.

이와 마찬가지로 아무리 뛰어난 제품이라도 제품을 강제로 판매한다면 구매자는 그 부가가치를 인정해 주지 않는다.

물건이 팔리지 않는 이유는 공급이 많거나 무리하게 판매하기 때문이다. 따라서 물건을 많이 팔려면 고객의 요구사항을 파악하여, 그것을 서비스해야 한다. 이를 위해서는 지금 시장에 무엇이 부족하고 무엇이 남아도는지를 꼼꼼히 살펴야 한다.

유대인이 장사 수완이 뛰어나다는 말을 듣는 데는 그만한 이유가 있다. 그들은 고객이 무엇을 필요로 하고, 또 무엇에 불만을 느끼는지를 안다. 유대인은 원인을 파악하는 즉시 이를 보완하고 개선한다. 비록 당장은 잘 팔리지 않더라도 고객의 잠재적 불만이나 부족한 부분을 꾸준히 개선해 나가면 언젠가는 수요가 많아지기 마련이다. 이것이 바로 마케팅에서 말하는 '틈새시장' 이다. 고객 한 사람이 가진 문제를 시장 전체로 놓고 따져 보면 커다란 잠재 수요가 될 수 있다.

누구나 적은 자본을 투자해 많은 이익을 창출하고 싶어 한다. 유대인은 정가판매를 포기한 싸구려 제품으로 시작하더라도 조금씩 고객들로부터 신용을 얻어 자신의 브랜드로 구축해 나간다.

고객에게서 배워라

유대인의 속담 중에 '두 귀를 밖으로 향하게 하라' 는 말이 있다. 밖으로 나가면 보다 폭넓게 사물을 관찰할 수 있으며, 그곳에서 어떤 변화가 일어나는지를 주목할 수 있기 때문이다. 바로 그곳에서 비즈니스의 기회가 생긴다.

유대인의 수수께끼 가운데 이런 것이 있다.

'사람은 귀도 두 개고 눈도 두 개인데 왜 입만 하나일까?'

많은 사람들은 다음과 같이 말한다.

"입은 소리만 내면 되니까 한 개만 있어도 충분하지만, 귀는 두 개가 아니면 소리를 입체적으로 들을 수 없고, 눈도 두 개가 아니면 사물의 정확한 위치를 파악할 수 없다."

그러나 이것은 정답이 아니다. 과학적인 답은 될 수 있을지 모르지만, 이 수수께끼가 원하는 답은 아니다. 수수께끼가 원하는 답은 '입으로 말하기 전에 두 배 더 잘 듣고, 두 배 더 잘 관찰하기 위해서' 다.

판매자는 그 상품에 대해 프로일지 모르지만, 상품을 실제로 사용하는 데 있어서는 고객이 프로다. 따라서 고객업무와 관련된 일은 고객한테서 배워야 한다. 뛰어난 유대인 경영자들을 보면 그들은 항상 고객한테서 아이디어를 얻는다. 그들은 고객에게서 다양한 의견을 수렴하여 사업을 발전시키는 밑거름으로 삼는다.

계약서를 소홀히 하지 마라

유대인들은 '계약서'를 통해 철저하게 자신의 권리를 주장하고 있다. 그것은 아마 오랜 세월 동안 아무런 법적 보호도 없이 살아온 탓에 스스로 자신들을 지켜내기 위한 본능적인 방어일지도 모른다. 그들은 만일의 경우에 발생할 수 있는 사고에 어떻게 대처해야 할지 등을 포함한 모든 가능성을 상정한 상태에서 계약 조건을 조목조목 꼼꼼하게 명시한다.

비즈니스도 사람의 일이다 보니, 만약 문제가 발생하여 감정적으로 대립하게 되면 쌍방이 성심성의껏 대화를 나누기가 어려워진다. 따라서 그들처럼 감정 개입 없이 처리할 수 있도록 계약조건으로 계약서상에 모든 사항을 포함시키는 일은 그야말로 현명한 방법이라 할 수 있다.

돈벌이보다 소중한 게 있다는 것을 잊지 마라

비즈니스를 단순히 돈을 버는 것으로 생각해서는 안 된다. 그보다는 평화와 안전이 더 중요하다.

탈무드는 말한다.

"나라의 평안을 빌어라. 이를 외면하고 경시한다면 사람들은 살아가면서도 서로 물어뜯고 싸우게 될 것이다."

음식과 음료가 풍부하더라도 나라가 평화롭지 않으면 결국 아무런 의미가 없다. 서로 싸우고 상처를 입히기 위해 경제 행위를 하는 것은 아니기 때문이다.

중세 유대교 최고의 철학자라 불린 랍비 모세 마이모니데스는 그의 저서 『산헤드린편 주해』에서 "메시아(구세주)가 오면 모든 전쟁은 멎고 하느님의 축복이 모든 사람에게 고루 퍼져 돈 때문에 생명의 위험을 무릅쓸 필요가 없어진다"고 말했다.

유대인은 비즈니스를 통해 경제적 불안이 없는 평화로운 사회를 구현하고자 한다. 금전으로 인해 인간의 생활이 위험에 처하거나 생명을 잃는 일이 없는 사회를 추구하는 것이다. 오늘날까지 유대인이 그토록 많은 시련을 겪으면서도 살아남을 수 있었던 이유는 바로 이런 유랑 민족의 지혜 덕분일 것이다.

비즈니스가 부진하면 사람들은 그 이유에 너무 신경을 쓴 나머지 "어째서 잘 안 되지?"라는 소극적이면서 부정적인 생각만 하게 된다. 물론 그것이 전혀 의미 없다고만은 할 수 없다. 하지만 이보다는 불황 속에서도 잘 팔리는 상품과 승승장구하는 사업에 눈을 돌려 잘 되는 이유를 연구하고, 그 방향을 집중적으로 공략하는 적극적이면서 긍정적인 자세가 필요하다.

문제가 발생했는데 잘 풀리지 않는다면, 그 문제에 사로잡혀 시간 낭비하지 말고 잠시 한 발 뒤로 물러나 볼 일이다. 전혀 다른 방향에서 새롭게 접근하여 해결책을 모색하는 방법이 나을 수도 있다는 말이다.

노벨 물리학상을 수상한 유대인 과학자 아르노 펜지어스는 자신의 발상과 관련하여, "나는 외부에서 사물을 바라보는 습관이 있기 때문이다"고 그 비결을 밝혔다. 거리를 두고 사물을 바라보기 때문에 관찰자의 입장에서 분석할 수 있다는 것이다. 한 발짝 뒤로 물러나면 보다 넓은 시야로 사물을 볼 수 있다. 이런 방식을 이용하면 실패의 원인이나 그에 담긴 의미가 선명하게 드러난다는 게 그의 설명이다.

거리를 두고 전체를 분석하면서 그 의미를 찾아본다는 말은 창조 공학자 에드워드 데보노가 말한 '수평적 사고'를 뜻한다. 영어로는 'Lateral thinking(상식과 기성 관념에 근거를 두지 않는 사고방식)'

이라고 한다. 이는 수직에 대한 수평 개념이 아니라 사물과 거리를 두고 전체를 바라보면서 주위에 빠져나갈 구멍이 없는지, 새로운 돌파구가 없는지 지혜를 짜내는 일을 의미한다.

어떤 문제에 부딪혔을 때 그것에 너무 집착하게 되면 쉽게 뒤로 물러설 수가 없다. 그러면 사물을 둘러싸고 있는 전체가 잘 보이지 않는다. 그 결과 불필요한 낭패를 부를 수도 있고, 의외로 간단한 해결책이 있는데 이를 알아채지 못해 포기해 버릴 수도 있다. 유대인들은 사물과 거리를 두는 외부성, 주변성 혹은 방관성 등을 자신도 깨닫지 못하는 사이에 그들만의 것으로 만들어 갔다. 그래서 위기에 처했을 때 사태를 냉정하게 바라보고 대응할 수 있었다. 유대인의 이런 성향들은 수많은 시련과 위기를 극복할 수 있는 지혜의 원천이 되기도 했다.

마지막 순간까지 절망하지 마라

마지막까지 절망하지 말아야 하는 이유는 세상 어딘가에는 분명히 활로가 있을 것이기 때문이다. 전후좌우가 막혔을 때, 의외로 바로 위가 뚫려 있을지도 모른다.

유대의 랍비 요하난 벤나팟하는 "사람의 발이야말로 그 사람의 운명이다. 발은 그 사람이 원하는 곳으로 그를 인도한다"고 말했다. 절망을 떠올리면 발은 저절로 절망을 향한다. 그래서 성공하려면 끝까지 성공을 믿는 일이 중요하다.

1948년 이스라엘 독립전쟁에서 사방이 아랍 대군에 완전히 포위되었을 때, 초대 수상이었던 데이비드 벤구리온은 말했다.

"군사력은 그 3분의 2가 정신력이다."

이 말은 곧 승리에 대한 집념이 결국 승리를 가져다 준다는 뜻이다.

세계 최고의
경제인에게서
듣는다

고객을 만족시켜라

상품이 잘 팔리려면 무엇보다 상품의 주인이 될 고객이 만족할 만한 품질이어야 했다. 사이먼은 뜨개질바늘 하나, 토마토 한 개라도 불량품이 있으면 절대 용납하지 않았다.

슈트라우스 형제의 메이시 백화점

근대 이후, 유대인의 활약이 눈부셨던 분야 가운데 하나는 소매업이다. 특히 백화점 경영을 통해 성공한 사람 중에 유대인이 많았다.

최초의 백화점은 1852년 파리에서 개점한 '본 마르세'였다. 모두 잘 알고 있듯, 이 백화점은 유대인이 시작하지 않았지만 독일의 5대 백화점인 쇼켄, 팃츠, 베르트하임, 칼슈타트, 카우프호프 중 앞의 세 곳을 유대인이 경영했다. 그러나 반유대를 공공연히 선전하며 지휘권을 잡은 나치가 군중을 선동하여 1938년 11월 9일부터 10일까지 이들 백화점을 약탈하고, 불을 질러 버렸다.

미국의 대형 백화점은 대부분 유대인이 경영하고 있다. 메이시, 블루밍데일즈, 알트만, 슈턴, 작스, 클라인 등 쟁쟁한 점포는 모두 유대인이 성장시켰다. 비교적 최근에 생긴 백화점 가운데 E. J. 코르베트가 있는데, 이 점포는 1950년 초 한국전쟁에 참전한 8명의 유대인 병사가 공동으로 설립했다. 백화점의 이름은 '한국전쟁에 참전한 여덟 명의 병사(Eight Jewish Korean Veterans)'란 말의 약자에서 유래했다.

현재 시카고, 디트로이트, 비버리힐즈, 샌프란시스코 등 미국 전역에 50개의 지점망을 가지고 있는 김벨 백화점은 1880년대부터 1900년대에 걸쳐 아이작, 제이콥, 찰스, 에미르 등 네 명의 형제가 협력해서 만들어 낸 가족 기업이다.

미국의 백화점을 대표하는 가장 오래된 곳은 1858년에 창업한 '메이시' 다. 이 백화점의 창업자는 퀘이커교도였던 로랜드 메이시였다. 그런데 그가 죽고 10년 정도 지난 1887년, 경영권이 독일계 유대인 자손 이시도르 슈트라우스와 그의 동생 네이상에게 넘어갔다.

슈트라우스가의 선조 라자르스는 오타베르그의 주민이었다. 오타베르그는 독일이긴 하지만 프랑스와의 경계에 있는 알자스 지방의 작은 도시였다. 그의 아들인 쟈크 라자르스는 '산헤드린 (유대법의회)' 의 구성원으로 뽑히기도 했다. 이 의회는 1806년 나폴레옹이 프랑스에 있는 유대인 지도자를 모아 결성한 것이다. 1808년 나폴레옹이 공포한 유대인 성씨 개명령에 따라 그의 아들 아이작부터 슈트라우스라는 성姓을 사용하기 시작했다.

이시도르의 아버지 라자르는 혈기 왕성한 사람으로, 1848년 프랑스 2월혁명에 참가했다. 1852년 제2공화정이 나폴레옹 3세에 의해 전복되자, 그는 자신을 잡으려는 사람들을 피해 미국으로 건너가 남부 조지아주의 탈보튼에 자리잡았다. 그리고 그로부터 2년 뒤 아내를 미국으로 불러들였다. 그는 1865년 뉴욕 시에서 유리 및 도자기를 수입, 판매하는 가게를 열었고, 이를 통해 성공 궤도에 오르게 된다.

한편 라자르 슈트라우스의 장남으로 태어난 이시도르(1845)는 남북전쟁 때 암스테르담으로 파견되어 남부연합군의 전비 조달을 위해 공채를 팔았다. 그는 전쟁이 끝난 다음 미국으로 돌아와

가업을 돕는다. 그리고 1874년 동생 네이상(1848)과 함께 거래처였던 메이시 백화점의 파트너가 된다. 1877년 창업자였던 메이시가 사망한 후 점점 두 형제의 수완이 주목을 받게 되며, 1887년 메이시의 유족은 결국 백화점의 모든 경영권을 슈트라우스 형제에게 양도한다.

당시 메이시 백화점은 종래에 취급했던 의료품 외에도 가구, 보석, 장식품, 문구, 완구, 유리기구, 도자기 등 고가품을 판매할 매장을 열어 조금씩 영역을 넓혀가고 있었다. 그러던 중 슈트라우스 형제가 등장했는데, 그들은 귀족적 감각이 엿보이는 매력적인 유럽풍 상품을 싸게, 그리고 대량으로 반입하여 저렴한 가격으로 제공했다. 게다가 '메이시에는 없는 상품이 없다'는 말을 들을 정도로 상품의 종류가 많았기 때문에 사람들은 근처에서 구입할 수 없는 물건이 있으면 반드시 메이시로 쇼핑을 나왔다. 그 덕분에 1888년 50만 달러였던 연매출이 1919년 3,580만 달러까지 치솟는다.

1892년 이시도르는 하원의원에 선출되어 글로버 클리블랜드 대통령 밑에서 재정 재건을 위한 정책 입안을 도왔다. 하지만 1912년 4월에 타이타닉호의 침몰과 함께 세상을 뜨고 만다.

동생인 네이상은 뉴욕 시의 보건위생 사업에 힘을 쏟아 가난한 가정의 유아들에게 우유와 식량을 무료로 배급했다. 이 일은 뉴욕 시는 물론 미국 각 도시의 공공복지사업 부문에서 선도적인 역할을 하게 된다.

　슈트라우스 형제에게는 오스카라는 동생이 한 명 더 있었다. 그는 콜롬비아대학을 졸업한 후 변호사가 되어 1887년과 1897년 두 번에 걸쳐 터키공사를 역임했다. 그리고 1906년 시어도어 루스벨트 대통령 재임 시절, 유대인 최초로 상무노동장관에 임명된다. 오스카의 차남인 로저는 미국의 출판사 중에서도 문화적 색채가 짙은 파라 슈트라우스 지로 사의 창립자로 유명하다.

통신판매의 거인 로젠왈드

　김벨 형제나 슈트라우스 형제가 가족의 결속과 재능으로 백화점을 성공시킨 데 반해 줄리우스 로젠왈드(1862~1932)는 각종 아이디어를 통해 세계 최대의 통신판매회사인 시어즈를 성장시켰다.

　시어즈는 원래 시계와 보석을 파는 통신판매회사로, 철도회사의 통신사로 일하고 있던 리처드 시어즈와 시계 수리공인 앨바 로버크가 공동으로 시작했다.

　1885년 이 회사가 설립되었을 당시 시카고에서 여름 신사복 제조 회사를 경영하던 유대인 상인 줄리우스 로젠왈드는 자본금의 25퍼센트인 3만 7,500달러를 출자했다. 1895년 로버크가 은퇴하자, 그 뒤를 이어받아 로젠왈드가 부사장으로 취임했고, 다시 그가 1907년 사장 자리에 오른다.

　로젠왈드의 의류 제품에 대한 풍부한 지식은 시어즈의 취급 상품을 더욱 다양화하는 계기가 되었다. 그는 제조업 도매상을 했던 경험을 바탕으로 상품을 자사 공장에서 제조한 뒤 통신판매의 판매처로 직접 공급하여 중간 단계의 마진을 절약했다. 물론 그로써 시어즈의 이익은 단번에 상승했다.

그가 생각해낸 '마음에 들지 않으면 반품 가능합니다'는 문구나 미적 감각이 뛰어난 카탈로그를 통해 '시어즈'라는 이름은 미국 전역으로 퍼져 나갔다. 매년 4천만 부씩 배포되는 카탈로그는 시어즈의 성장을 충분히 입증해 준다. 또한 본거지인 시카고를 시작으로 미국 각지에 시어즈 직영점이 운영되면서 농촌에서 도시로 판매 영역이 확대되었다.

그는 종업원들의 사기를 북돋우기 위해 각종 복지시설이나 종업원 지주제(우리사주제)에도 관심을 가졌다.

로젠왈드는 흑인지구의 생활환경 개선에도 힘을 쏟아 미국 전역의 흑인지구에 있는 YMCA 건물 건축자금을 원조했을 뿐만 아니라, 남부 주에 농촌 학교를 건설하기 위한 지원도 아끼지 않았다. 1917년 그는 사재 3천만 달러를 투자하여 재단을 만들었는데, 그가 죽으면 25년 내에 그 원금과 이자를 자선사업에 사용하도록 했다. 인플레이션에 따른 화폐가치 하락을 예상하여 가치가 있을 때 유용하게 활용하기 위해서였나보다.

영국의 소매업을 대표하는 막스 앤 스펜서의 회장 마커스 시프 (1913~2001)도 유대인이다. 그의 할아버지 에프라임은 리투아니아 의 추운 마을인 에이레고라 출신으로 독일의 쾨니히스베르크에 가게를 열어 러시아에서 들어오는 삼이나 보리를 팔아 생계를 유 지했다. 또한 쓰고 남은 천조각을 재단사에게 사서 다시 되파는 장사도 했다.

그런데 이때 독일 정부에서는 징병 연령이 된 독일주재 러시아 계 유대인을 러시아로 강제송환하려 했다. 당시 러시아에서 징병 되면 무려 20년이나 복무해야 했기 때문에 에프라임은 강제송환 을 피해 영국의 맨체스터로 밀입국한다. 그는 당시 밀가루 자루 를 실은 마차 밑에 숨어 독일 국경을 넘었다고 한다. 이는 1881 년부터 1882년 사이에 일어난 일이다.

맨몸이었지만 그가 독일에서 익힌 기술은 영국생활에 많은 도 움이 되었다. 그는 재봉사가 버리려는 천조각을 필요한 사람에게 다시 파는 일을 시작했다. 그렇게 열심히 일한 덕분에 그는 영국 에서 일을 시작한지 2년 만에 자신의 마차와 창고까지 갖게 된 다. 그리고 6년 후에는 천조각을 매각하던 거래처 보몬트 사를 매수할 정도의 성공을 거둔다.

한편 1884년에는 러시아를 빠져나온 마이클 막스라는 19세의 청년이 영국 중부지방의 도시 리즈에 도착한다. 그는 행상을 통해 돈을 모았고, 그것을 밑천으로 노점상을 시작했다. 노점상에는 일용잡화를 진열했는데, 그중 절반을 1페니의 상품으로 채웠고 나머지 반은 가격이 다른 상품으로 진열했다. 그렇게 수년이 흐른 뒤, 그의 가게는 영국 각지에 '마이클 막스, 원조 페니 바자' 라는 체인점이 들어설 정도로 번성한다.

서른 살이 되자 마이클은 맨체스터로 진출해 자신의 가게를 열었고, 상품을 도매상에서 들여오지 않고 직접 제조자로부터 사들인다. 이때 톰 스펜서(예전에 상품을 들여오던 회사의 출납계 직원)를 자신의 사업 파트너로 맞이한다. 이것이 바로 막스 앤 스펜서의 기원이다.

마이클 막스에게는 레베카라는 딸이 있었는데, 그녀는 에프라임 시프의 아들 이스라엘 시프와 결혼했다. 이런 인연으로 1917년 막스 앤 스펜서의 경영진 간에 주도권 쟁탈전이 있었을 때 시프가가 이 회사를 지원했다. 막스 앤 스펜서와 시프가의 이런 인연으로 이스라엘 시프는 1926년 막스 앤 스펜서 사의 중역에 오르게 된다.

섬유와 잡화 판매의 명문이라 불리는 '막스 앤 스펜서' 를 일으켜 세운 마커스 시프는 바로 이스라엘 시프의 아들이었다.

마커스 시프의 철저한 고객 만족 경영

마커스 시프는 사업의 근간을 이루는 경영사상을 대부분 양친에게서 물려받았다. 특히 어머니의 백부 사이먼한테서는 근대 경영에 관한 철저한 교육을 받았다.

그 내용은 다음과 같았다.

첫째, 상품 진열대의 1피트 범위 내에서 매상과 이익을 추구한다. 둘째, 상품가격은 손님이 적당하다고 생각하는 선을 절대로 넘어서는 안 된다. 셋째, 점포를 확장하고 개선할 때에는 계획성이 있어야 한다. 넷째, 적절한 재고관리로 합리적 유통을 추구한다. 다섯째, 비즈니스 윤리에 따라 종업원과 고객을 대한다.

컴퓨터로 상품을 관리하는 오늘날에는 더 이상 시기적절한 재고 파악이 진귀한 풍경이 아니다. 그런데 막스 앤 스펜서는 이미 1920년대부터 2주에 한 번 꼴로 재고를 파악하면서 인기상품에 대한 시장관리를 하고 있었다.

상품이 잘 팔리려면 무엇보다 상품의 주인이 될 고객이 만족할 만한 품질이어야 한다. 이는 판매의 절대 조건이라 할 수 있다. 사이먼은 뜨개질바늘 하나, 토마토 한 개라도 불량품이 있으면 절대 용납하지 않았다. 그는 일류호텔 레스토랑에서 주문한 훈제 청어요리가 맛없으면 두 번이라도 되돌려보내 정말 맛있는 요리가 나올 때까지 기다리는 사람이었다. 이런 환경에서 교육받은 마커스는 "변변치 않은 상품은 절대 진열하면 안 된다. 상품이 좋지 않으면 팔지 않으면 된다"면서 부하들을 질책했다.

좋은 상품을 손에 넣으려면 결국 제조사를 직접 관리하는 것이 좋다. 이렇게 하면 중간 유통마진을 줄일 수 있을 뿐만 아니라 품질관리도 철저히 할 수 있으며 고객에게도 품질을 보증할 수 있기 때문이다.

필자는 1983년 이스라엘의 남부 키리아트 가트에서 막스 앤 스펜서에 들여보낼 양복을 제조하는 폴가트 사를 견학한 적이 있다. 그때 처음으로 신사복 디자인에서 그레이딩(패턴을 축소 또는 확대 하는 방법), 커팅까지 모두 컴퓨터로 일괄적으로 관리하고, 더 나아가 제조공정에 모두 코드번호를 붙여 관리하는 모습을 봤다. 지금은 의류업계에서의 컴퓨터 사용이 당연시되고 있지만 당시로서는 무척 놀랄 만한 일이었다. 철저한 품질관리에 합리적이고 낭비 없이 부자재를 관리하는 모습을 두 눈으로 확인하면서 무척 놀랐던 기억이 아직도 생생하다.

마커스 시프의 아버지 이스라엘 시프는 천조각을 재활용하는 사업을 해본 경험이 있어서 여분의 재료를 활용하는 일에 뛰어났다. 한번은 그가 어느 공장을 방문했는데, 양말제조기계가 쉬고 있는 것을 발견하고는 바로 양말을 대량 주문했다. 물론, 사용하지 않는 시설을 활용한 것이기 때문에 매우 저렴한 가격에 납품을 받을 수 있었다. 싸게 구입한 만큼 시장에도 저가에 공급하여 비즈니스에서 성공을 거두었다.

또한 좋은 제품을 노브랜드로 고객에게 제공한다는 슈퍼마켓의 상식을 뒤집고 'St. Michael'이라는 자사 브랜드를 도입했다. 그리고 그것을 구입하는 고객이 상품을 자랑할 수 있도록 하는 상품전략까지 구성하여 전개했다.

이는 손님이 만족해야만 비즈니스가 성립된다는 철저한 경영 마인드가 있었기 때문에 가능한 일이다. 그래서 마커스 시프는 틈만 나면 매장을 돌면서 손님에게 직접 말을 걸고, 고객의 반응을 확인했다. 종업원에 대해서도 마찬가지였다. 그들을 격려하는 일은 정확한 상황 파악을 가능하게 했을 뿐 아니라 팀의 사기도 고양시켰다.

여기서 그친 게 아니다. 그는 회사 종업원들의 복지에도 신경을 썼다. 한 청소부 아주머니가 아들의 결혼식을 앞두고 휴가와 비용 때문에 고민하고 있었는데, 이를 알게 된 마커스는 그녀에게 2주간의 휴가와 여비를 지급토록 한 것은 유명하다. 계급차별의 문화가 여전히 존재했던 당시의 영국 사회에서는 확실히 차별화된 행동이었다.

고객과 종업원, 상품의 품질과 가격 등에서 인간미 넘치는 합리성을 추구하는 일이야말로 중소기업이나 소매업 비즈니스의 기본이라 할 수 있다. 마커스 시프를 시작으로 많은 유대인 소매업자들의 자취가 바로 이러한 교훈을 가르치고 있다.

정확한 정보만이 살 길이다

머릿속에 넣어 운반할 수 있는 것이야말로 영원한 부라고 생각합니다. 지금 세계를 보고 있으면 10년 후, 20년 후에 돈이 어떤 가치를 지니게 될지 아무도 알 수 없지 않습니까?

유대인이 금융업에 강하다는 말이 있는데, 이런 소문은 마치 모든 유대인이 금융업자라는 인상을 주거나 유대인이 금융업계 전체를 장악하고 있다는 느낌을 받게 만든다. 물론 그렇지는 않다.

금융업계의 큰 별이자 솔로몬 브라더스 사를 다시 일어나게 만든 존 거트프로인드(1929)의 이야기를 잠깐 소개하도록 한다.

1910년 솔로몬 삼형제는 솔로몬 브라더스 사를 창립했다. 이 회사는 1950년대까지 업계에서 그다지 눈에 띄지 않았다. 고작 연방정부가 발행한 채권이나 주정부가 발행한 지방채권을 사들이는 게 주된 업무였다. 하지만 1960년대에 사업을 확대하면서 솔로몬 브라더스 사는 경영노선을 변경한다. 그리고 발행된 주식의 인수업무 등에도 적극적으로 뛰어든다. 그때까지 반세기에 걸쳐 이루어졌던 채권 거래실적을 통해 이 회사는 새로운 사업에서 신용을 얻을 수 있었다.

솔로몬 브라더스 사의 장사법을 요약하면 이렇다. 주식은 발행할 때 전부 사들이고 정부채권은 한도가 되는 대로 대량 낙찰을 받아 차후 거래에서 주도권을 잡는다. 매우 적극적인 시장 공략을 펼친 것이다.

미국의 채권시장 규모는 1981년 당시 하루에 약 280억 달러였지만 1990년 1,180억 달러로 급성장한다. 그 거대한 시장 속에서 솔로몬 사의 자금력이 어느 정도였는지 보자.

1983년 솔로몬 브라더스 사가 실거래가로 계산한 증권보유고는 하루 평균 79억 달러였다고 한다. 솔로몬 사는 그 두 배에 달하는 채권 혹은 주식을 보유하고 있었고, 여기에 자본금이나 준비금까지 합하면 미국 채권시장의 25퍼센트를 차지하는 엄청난 규모였던 셈이다.

1983년에는 모건스탠리, 골드만 삭스에 이어 세계 3위의 투자은행으로 성장했다. 그해 솔로몬 사의 자본조달액은 160억 달러였다. 그리고 1990년에는 총수입이 89억 5천만 달러, 총자산이 1,098억 달러에 이르렀다. 자산액만 놓고 따져 봐도 같은 해 일본 예산의 4분의 1에 해당하는 금액이었다.

이처럼 솔로몬 브라더스 사를 성공적으로 이끈 공적의 중심에는 1991년 8월까지 회장을 역임한 존 거트프로인드가 있었다.

그는 1951년 오벌린대학에서 미술을 전공한 후 2년간 한국전쟁에 참전했다. 귀국 후에는 친구의 권유로 솔로몬 브라더스 사에 지방채 담당 견습생으로 입사했다. 지금은 솔로몬 사를 비롯한 증권업계 직원들이 엘리트로 대우받지만, 당시는 경제학이나 경영학 전공자가 아니더라도 들어갈 수 있는 이류 업계였다.

이 업계에 발을 들여놓은 지 얼마 되지 않은 1963년에 이미 솔로몬 사의 파트너가 된 것을 보면 그는 평범하지 않은 능력을 가졌던 게 분명하다.

이 점에 대해 그는 겸손하게 다음과 같이 말한다.

"내가 솔로몬에 입사했을 당시 특별한 훈련도 받지 않은 상태에서 갑자기 선배의 옆자리에 배치되어 그가 일하는 모습을 지켜보면서 일을 배워나갔습니다. 저는 이렇게 생각합니다. 일을 제대로 하려면 첫째, 계산에 강해야 합니다. 둘째, 똑같은 실수를 반복하지 않을 만큼의 기억력을 갖추고 있어야 합니다. 셋째, 상황 변화에 그때그때 적응할 수 있는 판단력을 지녀야 합니다. 넷째, 광범위한 정보력을 가지고 있어야 합니다. 다섯째, 무슨 일이 일어날지 정확하게 예측할 수 있는 능력이 필요합니다. 다행스럽게도 저는 이런 능력에 있어서는 복을 받은 듯합니다.

그리고 제가 성공할 수 있었던 이유는 다른 사람들보다 영특해서가 아닙니다. 그저 폭넓은 인맥 덕분입니다. 그래서 다른 사람들보다 더 많은 정보를 얻을 수 있었습니다. 또한 저는 무엇보다 최상의 조건을 추구하려고 노력했습니다. 그리고 판매 여부와 구매 여부에 대해 단호한 판단을 내렸습니다. 거래란 매순간 모험을 하는 것과 같습니다. 이런 의미에서 단호한 판단과 폭넓은 인간관계가 제가 가진 기량의 대부분이라 할 수 있습니다."

증권업계에서 성공하기 위한 가장 기본적인 자질과 조건은 거트프로인드가 말한 그대로다. 그는 이러한 능력을 발휘해서 솔로몬 브라더스 사를 세계 최대의 증권회사로 성장시켰던 것이다.

그러나 공교롭게도 그는 자신이 주장했던 단호한 판단과 폭넓은 인간관계를 가벼이 여기는 실수로 그동안 쌓아올렸던 영광을 모조리 잃고 만다.

그 경위는 이러했다.

1991년 4월, 그는 부하로부터 같은 해 2월 미국국채 입찰시 부정이 개입됐다는 사실을 보고받았다. 그런데 그는 이 사실을 방치하면서 SEC(미국증권거래위원회)와 재무성에 보고도 하지 않았고 부정에 대한 사죄도 하지 않았다.

결국 솔로몬 사는 고객명의를 무단으로 빌려 낙찰 한도액 35퍼센트를 초과해서 다량의 국채를 낙찰받았을 뿐만 아니라 발행일 거래시 2억 달러를 넘으면 재무성에 보고해야 하는 의무조차 무시했다. 그것도 한 번이 아니라 1990년 12월부터 1991년 5월에 걸쳐 네 번이나 부정입찰을 하였다.

물론 거트프로인드가 직접 그렇게 한 것은 아니지만 그와 관련된 인물들은 모두 그의 직속 부하나 마찬가지였다. 따라서 "알아채지 못했다"는 그의 변명은 받아들여지지 않았다.

사건이 만천하에 공개된 때는 1991년 6월 22일이었다. 그로부터 채 두 달도 되지 않은 8월 16일 거트프로인드 회장과 토머스 슈트라우스 사장 등 수뇌 관계자 네 명이 사표를 냈다. 그와 동시에 그때까지 사외 임원이었던 워렌 버펫이 회장으로, 동경에서 근무하다 막 귀국한 데릭 몬이 사장에 취임했다. 새로운 수뇌진은 모두 유대인이 아니었다. 그리고 버펫은 회장에 취임하자마자 사직한 구 수뇌진에 대해 퇴직금을 일절 지불하지 않겠다고 통고했다.

증권·금융업계에서 활약하려면 재능도 있어야 하지만 그보다 먼저 비즈니스 윤리에 충실해야 한다. 이에 반하는 행동을 하면 그 사람의 인종·국적·종교에 관계없이 비즈니스 사회로부터 규탄을 받고 추방된다. 이것이 바로 유대인이 살아가는 구미 사회의 규율이다.

헨리 카우프만 _ "제무재표의 이면을 파악하라"

거트프로인드는 우리에게 성공의 비결과 실패의 치욕이라는 인생의 두 가지 얼굴을 모두 보여 주었다. 쉽게 말하면 그의 인생은 거품경제의 성장과 추락을 상징한다.

거트프로인드가 이끌던 솔로몬 사의 성장을 뒤에서 도와준 이론가는 경제전문가로 유명한 헨리 카우프만이다. 그는 콜롬비아 대학 졸업 후에 민간은행, 뉴욕 연방은행을 거쳐 1962년 솔로몬 브라더스 사에 입사했다. 그리고 수석전문가와 부회장으로까지 승진했지만 거트프로인드의 주장에 동의할 수 없어 1987년 퇴직한다. 그는 사실에 입각하여 데이터를 검증하고, 데이터의 이면에 있는 사물의 현상을 냉정하게 파악한 상태에서 신중하게 발언하는 타입이었기 때문이다.

그는 1927년 독일에서 태어났고, 1937년 가족과 함께 미국으로 이주했다. 외관상으로 보면 히틀러의 나치정권 때문에 이주한 것으로 보이지만, 정작 그는 제1차 세계대전 이후 독일을 휩쓸었던 '초인플레이션' 때문이었다고 말하고 있다.

제1차 세계대전 전인 1914년에는 1달러가 4.2마르크였는데, 전후인 1920년 7월에는 39.5마르크로, 1923년 7월에는 35만 3,412마르크로 화폐가치가 크게 하락했다. 반면 국내경제는 '초_超'란 말을 두 번 붙여 강조해도 모자랄 만큼 극심한 인플레이션을 겪는다. 초인플레이션으로 인해 헨리 카우프만 가족은 자산을 모두 잃어버린다. 또한 독일 사회의 대부분을 차지하는 중산계층의 평화로운 생활이 파괴되면서 가치관이나 도덕관념이 송두리째 흔들린다. 그 중에서도 특히 유대인들은 주된 희생양이었다. 이런 어릴 적 체험 때문에 그는 인플레이션 없는 성장을 지향해야 한다는 생각을 갖게 되었다.

헨리 카우프만은 민간은행 융자 부문에 근무하면서 서류나 데이터의 배후에 존재하는 진실을 직시해야 함을 깨달았다. 그는 "재무제표가 반드시 그 기업의 진실을 나타내고 있지는 않습니다. 따라서 융자 신청서류를 일단 의심하고 현장에 가서 직접 확인해 봐야 합니다"라고 말한다.

그는 치밀한 데이터 분석을 통해 기업 경영자, 국가 경영자, 금융기관 경영자의 자세를 완곡하면서도 날카로운 논법으로 비판했다. 또한 기업 경영자는 자신의 보수나 퇴직금에 눈이 멀어 주주의 자본을 가볍게 여겨서는 안 된다고 했다. 정부와 기업도 안일하게 채권발행에 의존해서 과대한 부채를 떠맡아서는 안 되며, 금융기관은 채무를 단기차입으로 바꿔치기 해서 자기자본의 유동성이 건전한 듯 위장해서도 안 된다고 했으며, 질이 떨어지는 증권을 구입해서 위장자본을 만드는 일도 금해야 하고, 바른 기업가 정신을 가지고 행동해야 한다고 충고하였다. 그렇게 하지 않으면 이들 행동이 도산으로 이어져 사회 및 경제를 혼란하게 하고, 민주주의까지 깨뜨릴 수 있다고 경고하였다. 카우프만의 이 같은 경고는 1980년대 중반에 발표되었던 내용들이다.

카우프만의 이런 신중론은 채권매매를 통해 급성장을 지향하는 거트프로인드를 비롯한 지도부의 의견과 정면으로 대치하는 것이었다. 결국 처음부터 솔로몬 사와 헤어질 수밖에 없는 사람이었다고 볼 수 있다.

사실을 확인한 상태에서 데이터를 분석하는 철저한 객관주의는, 달리 말하면 '투철한 현실주의'라고 할 수 있다. 이런 점에서 카우프만의 경제분석은 구약성서의 예언자였던 아사야, 예레미야 등과 같이 나라를 근심하고 국민을 불쌍히 여기는 경세가警世歌의 모습과 닮아 있다.

거트프로인드는 시시각각 변하는 거래 속에서 상황을 판단하는 일에 능한 사람이었다. 반면에 카우프만은 오랫동안 쌓아 왔던 데이터 속에서 사물의 본질을 파악하려고 노력했다. 이러한 성향은 그를 솔로몬 사로 끌어들인 선배 시드니 호머와 비슷했다. 호머는 기원전 2000년부터 오늘날에 이르기까지의 금리 데이터를 다룬 『금리의 역사』란 책을 출판한 사람이다.

그 영향을 받아서인지 카우프만은 모든 현상의 원인을 거시적인 관점에서 바라볼 것을 권한다.

예를 들어 1929년 주가 대폭락으로 대공황이 일어나기 전에 살았던 사람들은 자신들이 위험한 시대를 살아가고 있다고는 꿈에도 생각지 못했을 것이다. 또한 공룡이 살았던 태고 시절에는 공룡에게 최고의 등급이 부여되고 가냘프기 그지없는 포유류를 최하위로 분류했을지도 모른다. 따라서 현재 중요시되고 있지 않은 사실, 혹은 실현되지 않은 상황까지를 참고하여 전체적으로 사물을 재평가할 수 있는 눈이 필요하다.

카우프만은 '범지구적 규모의 생산과 부의 확대'를 생각하자고 제안했다. 이 말에서는 예수 그리스도, 마르크스, 슘페터 등으로부터 힘차게 이어져 내려오는 유대인 특유의 휴머니즘적 이상이 느껴진다.

펠릭스 로하틴 _ "기회를 주었던 뉴욕에 은혜를 갚고 싶을 뿐"

카우프만이 금융에 대한 책임과 윤리를 선교하는 예언자라면 펠릭스 로하틴은 금융에 대한 복음을 실천하는 사도라 할 수 있다. 그는 뉴욕 시가 거의 파산에 이를 지경이었던 1975년 '뉴욕을 구한 사나이'로 하루아침에 유명인사가 되었다.

뉴욕 시의 재정은 1974년 무렵부터 심하게 악화되었고, 1975년에는 당장에 파산한다 해도 하등 이상할 게 없는 상황이었다. 결국 시 당국은 소득세와 법인세를 한껏 끌어올렸다. 그 결과 기업이나 시민의 반감을 샀으며 빔 시장에 대한 성토의 목소리가 하늘을 찔렀다. 전세계 사람들도 더 이상 손을 쓸 수 없다고 생각했다. 당시 『월스트리트 저널』의 논설주간이었던 로버트 버틀리는 뉴욕 시가 파산하기를 희망한다는 논설까지 쓸 정도였다.

바로 그때 로하틴이 시의 재정 재건을 위해 자원봉사를 하겠다고 나섰다.

그는 월가를 휩쓸었던 증권위기에 직면했을 때 1970년부터 1971년까지 뉴욕증권거래소 위기대책위원회의 위원장으로 활약했다. 당시 그는 냉정한 두뇌와 침착한 모습으로 위원회를 지휘하던 인물로 잘 알려져 있다. 그는 주지사의 자문위원회의 일원으로 먼저 MAC(Municipal Assistant Corporation)라는 뉴욕 시를 원조할 재정단체를 만들고, 이곳에서 발행하는 비과세 지방채를 판 대금을 시의 재정 재건에 사용하자고 제안했다.

다행스럽게도 그의 파트너인 라자드 프레어스(Lazard Freres) 사는 성실 하나로 일관되게 사업을 전개한 견실한 업체였다. 그래서 그가 뉴욕 시 지원채 발행에 관여했다는 말을 듣고 다른 증권회사가 MAC에서 발행하는 지방채를 살 수 있도록 많은 협력을 해 주었다.

로하틴의 지혜로 뉴욕 시는 무사히 위기에서 탈출할 수 있었다. 다음 해 3월, 주지사 케어리는 그의 공적을 기려 불독으로 된 장식물을 선물로 주었는데, 목걸이에는 'Meeting All Crisis(MAC)', 즉 '모든 위기를 뚫고 일어서다' 는 문구가 새겨져 있었다고 한다.

비즈니스 세계는 냉철하다. 많은 사람들은 뉴욕 시가 파산하면 교외의 살기 좋은 곳으로 이사하면 된다고 생각했다. 이처럼 구색이 잘 갖춰진 뉴욕 시라도 시민의 입장에서 아무런 매력을 느낄 수 없으면 철저하게 버림받는다. 그러나 로하틴은 어려움에 처한 뉴욕 시를 그냥 지나치지 않았다.

그는 말한다.

"나는 난민이었다. 그래서 난민이었던 나를 받아 주고 인생을 설계할 기회를 준 뉴욕 시에 은혜를 갚고 싶었을 뿐이다."

그는 1928년 빈의 명문 로하틴은행 창립자의 손자로 태어났다. 1934년에 나치스의 위협이 거세지자 그의 할아버지는 일가를 프랑스로 피난시킨다. 하지만 그곳에서 그의 양친이 이혼을 하고, 1942년 나치스가 프랑스를 점령하면서 그는 모친과 계부를 따라 스페인, 카사블랑카, 리오데자네이루를 경유하여 미국으로 도피하게 된다.

뉴욕에 도착한 일가는 돈 한 푼 없는 가난한 생활을 해야 했지만 그래도 그럭저럭 꾸려나갈 수 있었다. 뉴욕에서는 파산 상태나 마찬가지인 외국인에게 일반시민과 차별 없이 온정의 손길을 내밀어 주었고, 생활을 설계할 수 있도록 도와주었다. 로하틴은 이때의 은혜에 보답하고 싶어 했던 것이다.

로하틴은 금융상품이 시중에 범람하고 사람들이 이에 휘둘리는 모습을 보며 걱정했다. 그는 '개인은 투기를 하고 있으면서도 그것을 투자라고 착각한다'고 지적하면서 안일한 상품 선물先物

이나 저당 증권을 사는 일에 대해 경고했다.

어느 날 그는 『뉴욕타임스』의 한 기자에게 다음과 같이 말했다.

"벌써 반세기도 훨씬 더 지난 일입니다. 저는 모친과 계부를 따라 피레네 산맥을 넘어 히틀러의 손에서 벗어났습니다. 피레네 산맥을 넘어 탈출하기 하루 전날 밤 저희는 호텔 구석에서 치약의 튜브 밑을 벌려 마지막으로 남아 있던 금화를 채워 넣었습니다. 그것이 저희 가족의 유일한 재산이었지요. 우리는 기분 좋게 출발했습니다. 하지만 그것 외에 다른 아무것도 가지고 갈 수 없었습니다."

그 금화는 일가가 미국에 도착하기 전에 여비로 모두 사용되고 말았다. 그 돈에 의존하며 망명생활을 해야 했기 때문에 그는 돈의 소중함을 누구보다 잘 알고 있었다. 그러나 돈이 세상의 전부라고는 생각하지 않았다.

"그 이후 머릿속에 넣어 운반할 수 있는 것이야말로 영원한 부라고 생각하게 되었습니다. 지금 세계를 보고 있으면 10년 후, 20년 후에 돈이 어떤 가치를 지니게 될지 아무도 알 수 없지 않습니까?"

그는 월가에서의 성공에 대해서도 다음과 같이 말한다.

"저는 미들버리대학에서 물리학을 전공했습니다. 제가 투자업계에서 성공한 이유는 경제학을 공부하지 않았고 가혹할 만큼 지적인 작업을 견뎌낼 수 있었기 때문입니다."

결국, 냉철하면서도 논리적인 두뇌는 개인이나 조직을 위기로부터 구하고 휴머니즘 넘치는 애정은 사회를 구한다고 할 수 있다. 이것이 바로 로하틴의 '삶의 방식'이었다.

조지 소로스 _ "불확실성에서 기회를 찾는다"

오늘날 세계 금융시장에서 활약하고 있는 저명한 유대인 투자은행가나 투기꾼의 경력을 살펴보면 대부분이 1930년 전후에 태어나 어떤 식으로든 제2차 세계대전을 경험했다.

상장이나 투자는 잘만 하면 이익을 얻을 수 있지만 수익이 확정될 때까지 위험한 일이 많다. 위험을 극복하면서 냉정하게 금융시장 전체의 동향을 읽어 나가야 하며 매매의 타이밍을 놓치지 않는 순간적인 판단력이 필요하다. 어쩌면 투자가들이 소년 시절에 겪었던 생사를 가르는 경험들이 그 일들에 많은 도움이 되고 있는지도 모른다.

조지 소로스는 인생을 위기와 밑바닥에서 출발했다는 점에서 로하틴보다 훨씬 더 드라마틱한 삶을 살았다. 대학 시절 그는 아르바이트를 하던 레스토랑에서 손님이 남긴 음식을 먹고 살 정도로 가난했다.

그는 1930년, 헝가리 부다페스트의 변호사 집안에서 태어났다. 1944년 헝가리가 나치스의 지배를 받자 그의 가족은 뿔뿔이 흩어져 친구의 집에 몸을 숨겨야 했다. 헝가리계 유대인들은 대부분 나치스에게 학살되었지만 소로스 일가는 살아남았으니 행운이라면 행운이었다. 소로스 일가는 1947년 공산권으로 둘러싸인 헝가리를 피해 런던으로 이주한다.

1952년 소로스는 런던대학 경제학부를 졸업하지만 어느 회사에서도 그를 채용해 주지 않는다. 수개월 동안 취직을 못한 그는 하는 수 없이 하층계급의 노동자를 상대로 행상을 시작한다. 계급사회인 영국에서는 이 사실만으로도 대학을 졸업한 인텔리의 자부심에 큰 상처를 주는 것이었다. 하지만 이때의 고통은 후에 성공의 밑거름이 된다.

그 후 그는 런던의 투자은행 견습생으로 취직했고, 1959년 뉴욕의 F. M. 메이어 사로 이직을 하면서 증권업자로서의 경력을 쌓아가기 시작한다. 그리고 와사임 사, 드레스덴은행 등을 거쳐 1969년 독립을 하기에 이른다.

소로스는 위험이 많은 분야가 어디에 있는지 탐색한 다음 그 불확실성을 이용하여 자신의 영역을 넓혀나갔다. 이 점은 다른 투자가들과 확실히 달랐다.

이런 성향은 런던대학 재학시절 그를 사사한 유대인 철학자 칼 포퍼의 영향을 받은 것이었다.

포퍼는 "과학은 자신만이 절대적으로 옳다는 권위주의적이고 고정된 가치체계를 가져서는 안 된다. 형이상학적인 아이디어의 가치를 인정하고 미지의 미래에 대한 불확실성을 수용하고 반론까지 허용할 수 있는 세계여야 한다"는 생각을 갖고 있었다.

포퍼의 이 같은 '불확실성과 창의적인 진화' 사상의 영향을 받은 소로스는 금융시장의 권위주의적 주식관에 편승하지 않고 시장의 흐름을 읽어 그것에 반론의 재료를 제공할 수 있는 상품을 개발해야 한다고 생각했다.

그가 주재하는 펀드를 '퀀텀(Quantum, 양자)' 이라고 부른 점만 봐도 반주류파 의식이 상징적으로 드러난다. 이 말은 눈에 보이지 않는 자금의 유동성과 축적된 자본력의 폭발이라는 의미를 내포하고 있다.

빛의 운동에서 알 수 있듯이 전체로 볼 때 양자는 파동이 규칙적으로 퍼져나가는 듯하지만 회절回折되거나 간섭干涉 현상이 일어나고 있다. 그리고 아주 자세히 들여다보면 에너지 덩어리가 되어 전자와 충돌한다. 소로스는 금융이나 경제활동도 규칙적인 경향 속에서 수면 아래의 자금이 서로 간섭하거나 충돌하다가 어느 순간 갑자기 강력한 에너지를 뿜어내야 한다고 생각했다.

때문에 그는 퀀텀 펀드를 시작할 무렵 미국 법률의 보호를 받거나 규제당하는 일 자체를 싫어했다. 자유롭게 움직이는 양자운동과 같은 운용조건을 통해 자유로운 오프쉐어 펀드(해외국적자금)가 네덜란드령의 쿠라카오 섬에 설립된 것이다.

그가 관리하고 운용하는 '퀀텀 펀드' 만으로도 순자산이 1993년 3월 기준으로 43억 달러였다. 이 외에도 '퀘사 인터네셔널 펀드' 16억 달러, '퀀텀 이머징 그로스 펀드' 11억 달러, '쿼터 펀드' 7억 달러 등 운용자산이 총 77억 달러에 이르렀다.

여기에 '퀀텀 부동산 트러스트', 'G·소로스 부동산'이 관리하는 자산 10억 달러를 더하면 90억 달러에 가까운 자산을 그가 관리하는 셈이었다. 이들 자산이 1992년에 가져다 준 수익의 합계는 47억 3천만 달러에 달했다. 그리고 1993년 3월 말 퀀텀 펀드의 배당수입만 해도 약 105억 달러였다고 한다.

이 고수익은 주로 투자 위험이 높은 금융선물, 옵션거래 등에 투자해 얻어진 것들이었다. 간단히 말하면 시장에서는 퀀텀 펀드에 대해 자금의 약 네 배까지를 상한으로 규정하고 있기 때문에 마음만 먹으면 단번에 172억 달러를 거래할 수 있다. 이것을 선물거래에 활용하면 금방 기하급수적으로 수익이 늘게 된다.

오로지 자본이론에 충실했을 뿐 의리나 인정이 일체 거래에 개입되지 않았다. 이익과 손실에 대한 감정 평가는 사후 문제에 지나지 않는다. 투자은행가로서 소로스가 추구한 조건은 흐름을 예상하는 능력과 거래의 합법성을 검증할 수 있는 능력, 그리고 매매를 결단하는 빠른 판단력이었다.

예를 들면 그는 1992년 유럽 통화위기 당시 상세한 데이터를 토대로 영국 파운드의 하락을 예언하고 스스로 영국 파운드를 대량으로 팔았다. 그로 인해 10억 달러의 차익을 수중에 넣을 수 있었는데, 사실상 파운드를 ERM(유럽환율메커니즘)에서 이탈시켰다. 또한 그는 1993년 6월 독일 마르크가 하락할 것이라고 발표하여 8월 마르크가 내려가고 달러가 높아졌다.

그는 이와 관련하여 약세인 파운드가 허세를 부려 세게 나왔기 때문이라며 잘못된 판단을 지적했다. 또 강세인 마르크가 자기비판을 하지 않는 현실에도 이의를 제기하면서 자신의 행위를 정당화했다. 물론 탈무드에서도 이식利殖과 사회윤리의 조화라는 과제를 투자가에게 요구하고 있긴 하지만 과연 소로스의 행위가 올바른 것이었는지는 의문이 남는다.

아니나 다를까, 1994년 2월 소로스는 시장 부정조작 혐의로 영국과 미국 양국에 의해 금융조사를 받는다. 이 일은 어제의 영웅이 오늘은 경제윤리와 관련된 책임을 물을 수 있다는 것을 보여 준다. 이는 소로스 한 사람에 그치지 않고 투자 상담사 모두에게 윤리적 책임이 가해졌다.

이제 그는 투자활동의 제일선에서 물러나 있지만 퀀텀 펀드의 순자산은 120억 달러로 더 늘어나 있다.

소로스는 말한다.

"나 역시 많은 실수를 범한다."

이는 끊임없는 투자의 긴장 속에서 피곤에 지친 영웅의 진심 어린 고백인지도 모른다.

그는 1979년 동구의 자유주의를 추진하기 위해 '오픈 소사이어티 기금'을 설립했다. 1984년에는 고국 헝가리에 '소로스 재단'을 만들어 구 동구권의 많은 학자와 연구자들이 서구의 선진화된 문화에서 많은 지식을 배우고 익힐 수 있도록 도움을 주었다.

탈무드에는 '예루살렘의 멸망은 많은 사람들이 학자를 존경하지 않았기 때문이다'고 쓰여 있다. 소로스를 포함한 많은 유대인

실업가들은 학문을 위해 사재를 터는 일도 서슴지 않는다. 이는
전쟁이 없는 세계의 실현을 진심으로 바라기 때문일 것이다.

목적은 최대 이윤에 있지 않다

비즈니스의 목적은 고객을 창조하는 일이다. 산업활동이란 제품을 생산하는 과정이 아니라 고객을 만족시키는 과정이다.

경영학이나 마케팅 등 비즈니스의 최첨단을 이끌어가는 이론 분야에서 유대인의 활약은 그야말로 눈부시다. 이 분야에서 유대인이 크게 인정을 받는 이유는 경영학 분야에서의 보편적인 가치가 인정을 받고 있기 때문이다.

그러나 그들이 유대인이라는 사실에 주목하여 그들의 업적을 평가한다면, 보편적인 가치의 밑바탕에서 보이는 그들만의 발상을 찾아낼 수 있다. 즉 유대인만의 전통적인 사고방식이나 가치관을 기준으로 형성된 아이디어나 이론 등이 보편적인 가치가 있는 것으로 평가받고 있는 것이다. 문화의 차이나 유대인에 대한 편견을 넘어 만인에게 인정을 받고 있는 셈이다.

예를 들면 기독교도 유대인이었던 예수를 통해 널리 알려졌으며, 마르크스의 공산주의도 그러하다. 이 둘의 공통점은 한 민족과 개인의 행복을 주장하지 않고 만인의 행복을 빌고 외쳤다는 점이다. 그것은 권력을 지닌 지배층이나 다수파의 목소리가 아니라 억압과 차별을 받는 사람이 정의를 갈구하는 목소리였다.

마찬가지로 유대인 학자가 만든 마케팅이론이나 경영이론은 무력감을 호소하는 대중이나, 좌절감으로 고민하는 리더들의 심정을 헤아려 각각의 문제에 대한 대처방법을 시사하고 있다. 이런 점에서 이들 이론은 많은 경제사회로부터 공감을 얻어내고 있다.

경영학은 1920년대에 독일에서 시작된 새로운 학문 영역이다. 이 학문의 실천방법은 주로 미국에서 연구되고 발달되었다. 그 중에서도 테일러가 주장한 생산현장에서의 과학적 관리법이나 버나드가 내세운 경영자의 역할론 등은 경영 이론화의 기초를 닦는 데 큰 역할을 했다. 이들 이론은 이제 겨우 빈곤에서 벗어나 대량생산 시대로 접어든 1920~1930년대의 미국 기업경영자들에게 과학적이고 효율적인 관리를 가르쳤다.

하지만 피터 드러커는 제2차 세계대전 이후 풍요로운 미국 사회에서는 계량적인 경영도 필요하지만 인격적인 관리도 중요하다는 사실을 경영자들에게 강조했다.

피터 드러커는 1909년 빈에서 태어났다. 아버지는 대학교수였고, 어머니는 프로이드한테서 가르침을 받은 의사였다. 또한 할아버지는 은행가, 할머니는 클라라 슈만의 피아노 제자인 명문가 출신이었다.

열여덟 살 때 함부르크대학에 입학하기 위해 쓴 논문 「파나마 운하와 세계무역에서의 역할」이 경제 잡지에 게재될 정도로, 그는 학문적으로 조숙했다. 그는 법학도였지만 투자은행의 증권분석가, 프랑크푸르트의 경제지 기자 등의 실무까지 소화했으며, 1931년 학교를 졸업할 즈음 박사 학위도 취득했다.

당시 독일은 히틀러가 이름을 떨치고 있었기 때문에 유대인의 미래가 안개 속을 걷듯 불확실한 상태였다. 그는 자유주의를 옹호하는 입장에서 슈탈의 보수정치 이론에 대한 해설서를 발표하기도 했다.

드러커가 말하는 '보수'란 낡은 구체제의 지지자라는 의미가 아니다. 영어나 독일어의 'Conservative(보수적)'란 말은 화려하지도 않고 눈에 띄지도 않지만 소박하면서도 깊고 은은한 맛을 낸다는 의미다. 즉 '보수'란 말은 과격한 개혁주의에 대비되는 온건한 진보주의를 뜻한다고 본다. 드러커의 '슈탈론'은 히틀러의 과격한 전체주의에 반대하는 간접적인 의사표시였던 셈이다.

그러나 신변의 위험을 느낀 드러커는 이 책이 출판되기 전에 독일을 떠나 1933년 봄 영국으로 건너간다. 그리고 그곳에서 투자은행에 취직한다.

1937년 미국으로 이주한 그는, 1939년 『경제인의 종언』을 통해 나치스의 전체주의를 정면으로 비판한다. 그의 책은 일부 지식인들에게는 이미 그 가치를 인정받고 있었지만 미국인 대부분에게 인정을 받은 것은 전후 나치스의 횡포가 만천하에 드러나면서부터였다. 그 책에는 나치스의 유대인 대량학살 계획, 히틀러와 스탈린의 제휴 계획 등 당시의 상식으로는 도저히 상상할 수 없는 예언들이 실려 있었다. 그래서 대다수의 미국인에게 그는 그저 히스테릭한 유대인으로 비쳐졌던 것이다.

1942년에는 『산업인의 미래』를 발표했다. 그는 이 책에서 사적 경영이 대세를 이루었던 19세기에서 벗어나 20세기 후반부터는 대기업을 중심으로 한 산업조직이 주축을 이루면서 새로운 자유사회가 출현할 것이라며 가까운 미래의 이상적인 모습을 제시하기도 했다.

또한 그는 현재 포드 사와 치열한 판매경쟁을 하고 있는 GM그룹 리더의 눈에 띄어 GM 컨설턴트로 일하게 된다. 그리고 GM이라는 대기업 내부에서 기업의 조직과 실태를 연구하면서 『사회라는 개념』, 『새로운 사회와 새로운 경영』 등 새로운 시대에 걸맞는 경영학 지침서들을 잇달아 발표한다. 이를 집대성한 책이 바로 1954년에 발표한 『현대의 경영』이다.

드러커 이후에 경영학을 연구한 사람이라면 으레 한번쯤 현장을 몸소 체험하면서 조사하고 연구하는 것이 상식이었다. 이런 점에서 드러커는 기존의 경제학, 경영학과는 다른 현대의 실천적 학문을 개척했다고 볼 수 있다.

예전에 일본의 경영학자인 노다 가즈오가 "드러커를 학자로 보기에는 너무 사상가적이고, 사상가로 보기에는 너무 현실적이며, 현실적으로 보기에는 또 너무 학자적이다"고 평한 일이 있다. 그의 본질을 기가 막히게 잘 파악했다는 생각이 든다. 왜냐하면 드러커는 역사나 기업의 현실을 치밀하게 분석했다는 점에서는 학자였으나, 분석한 결과를 바탕으로 앞으로 나아갈 방향을 제시했다는 점에서는 사상가였기 때문이다. 또한 나아갈 방향을 제시하면서도 현실에 대한 대응을 조언했다는 점에서는 현실가이기도 했다.

이런 평가는 사실 그가 학창 시절부터 고학苦學을 했다는 점에서 영향을 받은 것 같다. 그는 명문가 출신이기는 했지만 제1차 세계대전 이후 독일과 오스트리아에서 발생한 초인플레이션으로 집이 몰락했다. 그래서 그는 어쩔 수 없이 고학의 길을 택해야만 했다. 하지만 그 덕분에 처음부터 학문과 현실 사회를 양립시켜 살아가는 법을 터득할 수 있었다. 게다가 증권분석가와 경제지 기자로 일한 것이 한층 더 그의 사상가적인 측면을 두드러지게 만들었다.

"기업은 필요한 최저의 이윤을 확보해야 한다. 최대의 이윤을 추구하면 기업의 존속 면에서 오히려 위험하다."

이 지적을 통해 우리는 경제에 대한 드러커의 뛰어난 견해를 엿볼 수 있다. 이 말은 '돈을 좋아하는 자는 결코 돈으로 만족하는 법이 없다'는 유대인의 격언을 상기시킨다. 최대이윤을 추구하는 일은 결국 스스로를 파국으로 몰고 갈 뿐이다.

그는 "노동자를 기업의 수익 지상주의에 종속시키지 말고 먼저 인간의 존엄성을 회복시켜 줘야 한다"고 말했다. 또한 이를 위한 방안으로 끊임없이 종업원에게 교육의 기회를 주라고 제안했다. 이는 "만약 지식이 결여되어 있다면 무엇을 얻으면 좋은가? 만약 지식을 가지고 있다면 무엇을 잃을 것인가?"라는 랍비의 훈계와 일맥상통한다.

드러커는 자신의 반생을 돌아보며 기록한 회상록 『방관자의 시대』에서 스스로를 '방관자'로 규정하고 있다. 그것은 세상 속의 많은 사건들을 마치 타인의 일처럼 관심을 갖지 않고 방관한다는 의미가 아니다. 위에서도 언급했듯이 직접 삶의 현장을 체험해 보고, 그 속에서 살아 숨쉬는 많은 이들과 함께 호흡하며 모든 사물을 객관적으로 바라보고 실제적인 제안을 한다는 뜻이다.

그는 개혁을 통해 시장을 개척하고 고객을 창조한다는 점에서 슘페터의 충실한 지지자였다. 슘페터는 자본주의의 과거 역사를 점검하면서 자본주의 사회가 존속하려면 개혁이 꼭 필요하다는 사실을 지적했지만, 그것을 어떻게 구체적으로 실현할지에 대해서는 언급하지 못했다. GM, 포드, 시어즈, IBM 등 대기업의 구체적인 사례를 열거하면서 개혁의 실질적인 방향을 가르쳐 준 사람은 다름 아닌 드러커였다.

21세기를 꿰뚫어 본 드러커는 "변화를 통해 개혁을 이루어야 한다"고 말했다. 단, 사회나 시장을 변화시키려는 의도로 이루어지는 개혁은 실패한다는 경고도 잊지 않았다. 이는 젊은 날에 나치스의 위험을 저지하기 위해 중요성을 호소했던 예의 보수주의를 다시 드러낸 것이다.

드러커는 다음과 같이 조언한다.

"21세기의 경영자는 변화를 받아들이기 위해 스스로 밖으로 나가, 사업에 필요한 정보를 찾아내고, 서로의 장점을 서로 나눌 수 있어야 하며, 외부로 시야를 넓히고, 기존의 개념에 의문을 가져야 한다."

드러커는 대기업 경영에 대한 방향을 제시했지만 중소기업이 나아갈 방향에 대해서는 명쾌한 답을 내놓지 못했다. 그가 근무한 직장이 애초부터 투자은행, 신문사, 마크로 시장을 대상으로 한 회사였기 때문일 것이다.

저명한 경영학 교수 가운데 중소기업의 경영감각을 가지고 있는 사람으로 테오도르 레빗이 있다. 그는 1925년 독일에서 태어나 1935년 친형제들과 함께 미국으로 이주했다. 형 데이빗은 DCA라는 식품 관련 회사를 세워 대성공을 거두었고 일본에서도 여러 식품 관련 제조기술을 수출하고 있다. 그의 형인 데이빗의 말에 따르면, 레빗 형제의 아버지는 과자를 만드는 장인으로 미국으로 이주한 뒤 한동안 작은 도넛가게를 열어 가족의 생계를 꾸렸다고 한다. 레빗가의 도넛은 큰 호평을 받았는데, 쏟아지는 주문에 그 물량을 댈 수 없을 정도였다고 한다.

그때 형 데이빗은 생각했다.

'가족이 힘을 합해도 하루에 만들어낼 수 있는 도넛의 양은 한계가 있다. 조미료만 제대로 갖춰져 있다면 다른 모든 과정은 기계로 하면 된다.'

그는 여러 가지로 궁리한 끝에 대량으로 도넛을 제조할 수 있는 기계를 발명했다. 덕분에 레빗의 가게는 더욱 발전했고, 이 모습을 본 동종업계로부터 도넛 제조기계 의뢰가 쇄도했다. 이 일을 발단으로 레빗가는 식품제조기계 제조자로 변신을 꾀하게 된다.

아버지나 형들이 손님을 상대로 노력하고 궁리하는 모습을 소년 시절부터 지켜봐 온 탓일까? 레빗은 어떤 마케팅 교수보다도 소리 높여 '고객 제일주의'를 강조한다.

드러커는 '비즈니스의 목적은 고객을 창조하는 일'이라는 이론을 더욱 발전시켜 '산업활동이란 제품을 생산하는 과정이 아니라 고객을 만족시키는 과정'이라고 선언했다. 그리고 이 점은 기업에서 일하는 전 종업원이 이해해야 한다고 강조했다.

이 말은 '맛있는 도넛이기 때문에 많이 팔린다'는 생산과 판매가 직결된 개인 베이커리의 발상에서 나온 것이다. '대량으로 만들기 때문에 대량으로 팔린다'는 대기업 제조사의 발상이 아닌 것이다.

레빗에 따르면 미국은 '세일즈'가 발달된 나라로 국민들도 쇼핑을 즐긴다고 한다. 그런데도 세일즈맨은 환영을 받지 못하며 구매자는 판매 행위를 배척한다.

레빗은 그 원인을 판매자한테서 찾고 있다. 그는 일반적으로 판매활동이 남자가 여자에게 구혼을 하는 행위와 닮았다고 생각했다. 판매자는 구매자를 처음 만났을 때부터 주문을 받을 때까지 열심히 손님에게 접근한다. 하지만 일단 계약이 성립(결혼)되면 제멋대로인 남자와 마찬가지로 장사꾼도 다른 사냥감을 물색한다. 어렵사리 관계를 맺은 손님을 제대로 돌보지 않는 것이다. 그 결과 손님은 두 번 다시 장사꾼의 달콤한 거짓말에 속지 않으며,

모든 장사 행위를 좋지 않게 생각한다.

이런 실수를 되풀이하지 않기 위해서 물건을 파는 기업은 모든 분야의 종업원, 고객 등과 원만한 관계를 맺어야 한다. 특히 원만한 커뮤니케이션을 유지하는 일에 최선을 다해야 한다. 고객관리를 잘하려면 제품의 품질이나 기능, 고객 대응 서비스에 이르기까지 일관되게 고객의 문제를 해결할 수 있어야 한다.

레빗은 고객을 관리할 때 상상력을 활용하라고 말한다.

"데이터는 아무것도 말하지 않는다. 데이터는 해석해야 한다. 그리고 더 나아가 창조적으로 상상력을 발휘하여 이용해야 한다."

'데이터'는 자료를 뜻하지만 원래의 어원이었던 그리스어에서는 '소여所與', '부여받은 사실'이라는 의미다. 예를 들어 나뭇가지 끝에 매달린 사과가 떨어지는 현상을 보고 '사과는 떨어지는 것이다'고 문서로 남긴다면 데이터가 되겠지만, 그 현상을 보면서 아무 생각도 하지 않으면 발전을 기대하기 어렵다. 사과가 떨어지는 현상에 의문을 갖고 여러 가지의 상상력을 발휘했기 때문에 뉴턴은 '만유인력의 법칙'을 발견할 수 있었던 것이다.

특히 레빗은 데이터만 중시하고 실제 고객을 주의 깊게 살피지 않는 경영자나 관리자에게 고객이 있던 현장에서 다시 한번 새롭게 발상을 전환하라고 꾸짖는다. 또한 그는 지식에 의존하는 오늘날의 현상에 대해서도 이의를 제기한다.

"과학을 토대로 한 산업은 말 그대로 이론적 지식을 바탕으로 시작되지만 결코 지식으로 끝나지는 않는다. 지식은 다름 아닌 수작업을 통해 성과로 바뀐다. 이는 기업의 경우도 마찬가지다.”

결국 경영에서도, 경영관리에서도, 전 종업원이 함께 짊어져야 할 마케팅 분야에서도 개인을 존중하는 일을 중요하게 생각한다. 왜냐하면 개인의 수작업이 결국 성과로 이어지기 때문이다. 인격을 무시한 예속을 거절하고, 자유로운 창조를 존중하는 것은 바로 유대인의 전통이었다.

4

자신의 주체성을 관철시켜라

나의 성공비결은 라이벌을 찾아내 그를 물리치는 데 있다. 그리고 유능한 인물을 내 편으로 끌어들여 그의 수완과 경험이 힘을 발휘하도록 했다.

어빙 샤피로 _ "아무도 고용해 주지 않는다면 내 일을 시작하면 된다"

어떻게 된 일인지 록펠러나 듀폰이 유대 계통이라는 설이 나돌고 있다. 그런데 유감스럽게도 이 두 명문재벌은 유대인이 아니다. 그들은 기독교도로, 조금이라도 유대인과 관련되는 일이 있다면 단호히 이를 거절할 정도로 콧대가 세고 자존심이 강하다.

그런데 그런 재벌 기업 가운데 하나인 듀폰 사가 1974년 유대인인 어빙 샤피로를 회장으로 선출했다. 놀라운 사실은 듀폰 사가 샤피로를 유대인이라고 밝혔다는 점이다.

세계 최대의 화학기업이라 할 수 있는 듀폰 사는 1802년 듀폰 화약 회사로 출발한 이래, 1970년 샤피로의 전임자 찰스 맥코이가 회장으로 선출될 때까지 줄곧 듀폰가 사람들이 지배해 왔다. 듀폰 사의 전례를 살펴본다면 맥코이의 회장 임명도 매우 파격적인 사건이었다. 그 다음을 잇는 회장도 유대인이었는데, 이는 그야말로 세상을 떠들썩하게 할 만한 일이었다.

어빙 샤피로는 1916년 미네아폴리스에서 세탁소를 경영하는 유대인의 집에서 태어났다. 아버지는 리투아니아에서 이민을 왔으며, 집에서는 독일계 유대인 말인 이디시어를 썼다고 한다. 전형적인 유대인 이민가정인 셈이다.

그의 집안은 가난해서 형제 세 명이 학교까지 편도 8킬로를 걸어 왕복 버스비를 절약할 정도였다. 그런데도 그의 아버지는 장남만은 어떻게든 법률가로 만들겠다며 생활비에서 학비를 융통하여 그를 대학에 입학시켰다. 샤피로의 아버지는 세 아들 가운데 그를 가장 듬직하게 생각했다고 한다.

대학 시절 샤피로는 집에서 돈과 아르바이트 비용, 장학금만으로 생활비를 충당할 수 없어 매주 토요일 자신의 방에서 포커게임을 열었다. 그리고 도박해서 번 돈으로 대부분의 학자금을 충당했다.

그는 1941년 미네소타대학 법학부를 4등으로 졸업했다. 하지만 유대인인 샤피로를 미네아폴리스 등지에서 취직시켜 줄 만한 법률사무소는 없었다. 사실 샤피로란 이름만 들어도 그가 유대인이라는 사실을 금방 알 수 있었다. 그때는 뉴욕이나 시카고 등 일부 도시를 빼고는 대부분의 미국 도시에서 반유대 감정이 높았다.

법학부 교수들은 취직을 하고 싶으면 유대인인지를 알 수 없는 이름으로 개명하라고 권유했다. 하지만 그는 단호히 거절했다.

"제 부모님은 저를 대학까지 보내기 위해 고생을 하셨습니다. 그런데 졸업과 동시에 샤피로라는 이름을 버리라니요. 선조로부터 대대로 물려받은 이름을 버리는 그런 불효를 저는 도저히 저지를 수 없습니다. 자신을 속이면서까지 살고 싶지는 않습니다."

이 발언은 탈무드의 위대한 현인 힐렐의 말을 떠올리게 한다.

"만약 내가 나 자신을 위해 존재하지 않는다면 나란 존재는 누구인가? 내가 나 자신을 위해 존재한다면 나란 어떤 존재인가? 만약 지금의 내가 내가 아니라면 언제 나는 나로 존재하는 것인가?"

"자신의 주체성과 원칙을 관철시킨다"는 것은 유대교가 근본적으로 지향한 세계였다. 아무도 자신을 고용하지 않는다면 스스로 일을 시작하면 된다. 그래서 그는 가난했지만 혼자 힘으로 법률사무소를 열기로 한다.

그리고 제2차 세계대전이 시작되자 워싱턴으로 자리를 옮겨 전시물가통계국에 들어간다. 그때 그의 옆 책상에서 일을 하던 사람이 훗날 대통령이 된 리처드 닉슨이었다고 한다. 1943년에 그는 법무성으로 직장을 옮기면서 서서히 두각을 나타내기 시작한다. 그의 손을 거치면 아무리 복잡한 문제라도 단번에 정부의 입장을 옹호하는 내용의 소장訴狀으로 초안이 잡혔다.

1950년 샤피로는 관청의 선배였던 오스카 프로보스트의 권유로 듀폰 사에 입사한다. 당시 듀폰 사는 GM의 주식 23퍼센트에 해당하는 6천 3백만 주를 보유하고 있었기 때문에 트러스트금지법에 저촉된다고 해서 정부가 소송을 건 상황이었다. 듀폰 사는 이 소송에서 승소하기 위해 민완敏腕 변호사 130명을 거느릴 정도로 법무실을 강화한 상태였다.

입사한 후 처음 6주간 샤피로는 반트러스트법 연구에 몰두했다. 그는 이 분야가 처음인지라 먼저 법률체계나 논리적인 약점에 대해 철저하게 연구했다. 이때 법정 논쟁의 기초가 되는 부분을 철저하게 분석한 것이 훗날 샤피로에게 큰 힘이 된다. 입사한 지 2개월이 지나자 샤피로는 고만고만한 변호사들 가운데 반트러스트법에 가장 정통한 인물이 되어 있었다.

하지만 정작 듀폰 사의 법무실에서는 그에게 법무실과 임원실을 왕복하면서 변호사단체의 의견을 임원들에게 전달하고 임원들의 견해를 변호사단체에 전달하는 역할을 맡겼다. 그러나 살다 보면 어떤 일이 어떤 식으로 인연이 될지 모르는 일이다.

그는 임원들이 법률에 대한 설명을 요구할 때면 바로 즉석에서 명쾌하게 설명을 하곤 했다. 그리고 필요할 때는 임원의 의도가 담긴 새로운 제안서까지 작성하곤 했다. 그는 항상 문제해결을 위한 명쾌한 답을 제시했기 때문에 다른 변호사들 속에서 금세 눈에 띄었다. 그 결과 1965년에는 수석 법률고문대리로 임명된다. 그의 이런 자세와 능력은 왜 문제를 해결할 수 없는지 변명만 늘어놓는 다른 변호사들과 확실히 차이가 있었다.

1970년 가을, 그는 다른 선배들을 제치고 필두 부사장이 된다. 그리고 1973년에는 부회장에 임명되고, 다음 해에는 회장으로 취임한다. 그는 1981년 퇴직할 때까지 11만 3천 명의 종업원을 둔 세계적인 화학회사 듀폰 사의 최고의사결정을 담당했던 것이다.

이는 미국 사회 속에서 유대인이 착실하게 뿌리를 내리고 있다는 사실을 잘 보여준다. 지금은 유능하기만 하면 유대인이라도 국방장관이나 재무장관, FBR 의장에도 기용된다.

하지만 샤피로의 뒤를 이을 제2의 샤피로가 조만간 다시 등장하지는 않을 것 같다. WASP(White Anglo-Saxon protestants, 백인 앵글로색슨계 프로테스탄트교도)가 주류를 이루고 있는 미국 사회에서는 아직까지 다수파의 백인 기독교도들에게 능력을 인정받은 자가 아니면 소수파 출신 사람이 요직에 등용되는 일이 없다.

　실력 위주라는 말을 들으면 공정한 것처럼 들리지만 사실 소수파 출신이 실력을 인정받으려면 다른 사람보다 두 배 이상을 노력해야 하며 그에 걸맞은 재능도 있어야 한다. 따라서 요직에 앉는 유대인은 논리성이나 상상력이 남달리 뛰어나고 맡은 바 임무도 훌륭하게 완수할 줄 아는 사람이라고 보면 된다.

아맨드 해머 _ "내 앞에 절망은 없다"

유대인이면서 리더가 되는 인물 중에는 샐러리맨 출신보다 스스로 사업을 시작한 사람이 많다. 그 중에서 20세기 최대의 유대인 실업가를 꼽으라면 1992년 1월에 사망한 아맨드 해머를 들 수 있다.

　그는 1898년 5월 뉴욕에서 태어났다. 그의 아버지 줄리어스는 러시아의 오뎃사에서 태어난 유대인으로 갓난아기였을 때 양친을 따라 미국으로 이주해 왔다. 열다섯 살부터 철공소에서 일하면서 사회주의 사상을 접했고, 그 결과 미국 공산당으로 잘 알려진 사회노동당의 일원이 되어 열심히 조직활동에 참가했다. 줄리어스는 사회노동당의 창설자인 다니엘 드 레옹과 평생 친하게 지냈으며, 자신의 사회주의 사상을 버리는 일은 없었다.

　러시아의 비테프스크 출신인 해머의 모친 로즈는 노동운동 대회에서 줄리어스와 만났다. 사실 두 사람 모두 종교가 없어 종교적인 행사는 일절 하지 않았다. 바로 옆이 유대교의 교회당이었지만 그곳의 예배행사에도 얼굴을 내밀지 않았다.

아맨드 해머는 비즈니스에 관해서라면 조숙한 편이었다. 초등학교에 다닐 무렵, 농사꾼이었던 아버지의 친구 집에 놀러 가면 그곳 주인과 함께 밭에서 나는 작물을 팔러 시장에 함께 나가곤 했다. 그는 시장을 돌면서 경쟁자의 가격을 알아보고 밭주인에게 알려주었을 뿐만 아니라 가격을 흥정하는 방법까지 조언해 주곤 했다. 또 손님이 한바탕 몰려왔다 사라지면 시내를 한 바퀴 돌면서 팔고 남은 물건을 싼값에 처리하는 일이 손해가 되지 않을 것이라는 제안도 했다.

그는 열여섯이 되던 해, 185달러로 중고 오픈카를 샀다. 이 차는 다른 사람한테 돈을 빌려 샀는데, 처음부터 빌린 돈을 어떻게 갚을지 생각해 둔 상태에서 빌린 것이었다. 마침 크리스마스 판매를 위해 캔디를 제조하는 사람이 일당 20달러에 자동차로 과자를 배달할 사람을 모집하는 중이었다. 그래서 그는 그 일을 할 생각이었다. 당시만 해도 포드 사가 일당 5달러를 지불해서 화제가 될 정도였으니 20달러면 대단히 높은 임금이었다.

겨울방학 동안 그는 2주일 아르바이트로 빌린 돈을 모두 갚았다. 그는 이때부터 이미 빈틈없이 계획을 세우고 공정한 거래 약속을 주고받은 뒤 열심히 일하면 필요한 물건을 얻을 수 있다는 교훈을 몸소 익히고 있었던 셈이다.

1917년 여름, 해머의 아버지는 파트너와 공동으로 경영하고 있던 제약회사를 매수한다. 그리고는 콜롬비아대학 의학부에 재학 중이었던 해머를 사장 자리에 앉힌다. 해머는 낮에는 경영에 전념하고 밤에는 빌린 노트를 보면서 열심히 공부했다. 경영자와 학생이라는 두 마리 토끼 사냥을 한 것이다.

해머가 사장이 된 지 채 1년도 되지 않아 회사의 매상은 10배를 넘는 급성장을 기록한다. 이는 사람의 눈에 잘 띄는 샘플 케이스를 개발하고 급여를 높게 책정하는 조건으로 많은 영업사원을 채용한 결과였다. 그는 사탕배달의 경험을 통해 급여가 높으면 영업사원들이 정말로 열심히 일한다는 사실을 몸소 깨달았다.

그는 부하에게 경영을 맡기면서도 현장에서 눈을 떼지는 않았다. 주문전표를 체크했고 잘 팔리는 상품에 주목했다. 그러던 중 생강을 원료로 한 알코올용액의 주문이 급격히 늘어나고 있다는 사실을 알게 되었다. 그 원인을 찾지 못한 그는 직접 버지니아 주의 개발원을 찾아갔다. 그 결과 청량음료인 진저엘에 알코올용액을 첨가하면 즉석에서 하이볼(Highball)로 바뀐다는 사실을 알게 되었다. 이는 1919년 1월부터 시행된 금주법을 빠져나가기 위한 편법이었던 셈인데, 술을 좋아하는 사람들이 알코올을 합법적으로 손에 넣기 위한 지혜이기도 했다.

해머는 시장의 움직임에 매우 민감한 사람이었다. 그는 곧바로 약용 생강액을 대량생산하기로 마음먹었다. 세계의 주요 생강생산국인 인도, 피지, 나이지리아에 대리인을 파견하여 생산지의 생강 전부를 선물 매입할 정도였다. 그 덕분에 금주법이 해제되는 1933년까지 해머의 회사는 미국 내 생강액의 공급을 독점하면서 막대한 이익을 올렸다. 1919년 미국인의 평균 연수입이 625달러였는데, 그의 연수입은 100만 달러에 달했다.

1921년 그는 콜롬비아대학 의학부를 우수한 성적으로 졸업한다. 그 후로 그는 '닥터 해머'라 불린다.

해머는 개업하기 전 얼마 동안 소련으로 여행을 떠난다. 비록 양친이 태어난 모국에 사회주의 정권이 자리잡긴 했지만, 나치스로 인해 소련 국민이 매우 곤란을 겪고 있다는 소식을 접하면서 스스로 의료봉사를 지원했던 것이다.

현지에 나간 그는 식량부족을 목격한다. 그래서 소련의 혁명위원회에 식량조달을 자청하고 나선다. 즉 미국에서 밀을 보낼 테니 대금은 소련의 특산물인 모피 등으로 지불해 주면 된다는 게 그의 요지였다. 이 이야기가 레닌의 귀에 들어가면서 그는 레닌에게서 소련의 경제 재건을 위해 자본가로 머물러 달라는 부탁을 받게 된다.

이 일을 계기로 해머는 미국과 소련 사이의 무역 중개를 시작한다. 또한 단순한 곡물조달에만 그치지 않고 유대인을 싫어했던 헨리 포드를 설득하여 소련 시장으로 포드차를 수출하는 업무의 대리권을 위임받기도 한다. 이를 시작으로 파커의 만년필, US러버(US Rubber) 등 미국의 명문기업 30여 개 사로부터 대리권을 얻어낸다. 게다가 소련 내에서의 석면채굴사업 개발, 연필공장의 설립 등 여러 사업을 떠맡기도 한다. 그는 1930년까지 10여 년 간 이런 일을 하면서 소련에 머물렀다.

소련을 떠날 때에는 외화 부족으로 곤란을 겪고 있던 소련 정부로부터 제정러시아 시대의 미술품을 대량으로 구매하여 파리나 뉴욕에 판매하기도 했다. 그는 여기에서도 많은 수익을 올렸다.

1933년 금주법이 해제될 때에는 위스키 제조용 술통을 만드는 목재가 미국 내에서 바닥이 난 사실을 알게 된다. 그는 곧바로 소련에서 술통 제조용 떡갈나무를 수입했고, 그로써 2년 동안 100만 달러라는 순이익을 올린다. 한편 순도 20퍼센트의 저가 위스키 'J. W. DUNT'를 개발해 많은 수익을 올리기도 했다.

오로지 한 길만 달려갔던 해머는 제2차 세계대전이 끝나면서 조금씩 지치기 시작한다. 그래서 1956년 캘리포니아에서 은퇴를 한다.

은퇴를 하기는 했지만 그에게는 걱정이 남아 있었다. 그것은 바로 소득세였다. 당시 공인회계사는 석유사업에 투자하라고 적극 권했다. 석유채굴에 투자하면 그만큼의 세금을 공제받을 수 있었기 때문이다. 그는 그다지 내키지 않았지만 석유채굴에 투자하기로 한다. 그가 투자한 곳은 옥시덴탈 석유라는, 거의 폐업 위기에 몰린 회사였다.

그런데 시굴했던 유전에서 하루당 250배럴의 석유가 분출하기 시작한다. 해머는 이 일을 계기로 석유채굴의 매력에 푹 빠지게 된다. 1957년에는 옥시덴탈 석유의 필두 주주가 되면서 사장으로 취임했고, 다시 현역으로 복귀하게 된다.

해머가 사장으로 취임하자마자 옥시덴탈 석유는 유망한 유전을 발굴해내기 시작한다. 그 중에서도 샌프란시스코 동부에서 발견한 라스로프 가스유전은 매장량이 2억 달러에 이르는 거대한 가스 매장지였다.

그의 성공은 여기에서 멈추지 않는다. 1966년 말에는 리비아 지역의 석유발굴에 성공하는데, 아홉 곳에 이르는 유정에서 하루 산출량이 9만 7,500배럴이나 되었다. 이는 캘리포니아 전체 석유산출량의 10퍼센트를 초과할 정도의 막대한 양이었다. 다음 해에는 하루 산출량 4만 3천 배럴의 유정맥을 발견해내는데, 두 번째로 발견한 유정맥에서는 하루 산출량 1만 7천 배럴, 세 번째로 발견한 유정맥에서는 하루 산출량 7만 5천 배럴이라는 엄청난 유정을 차례차례 발굴해낸다.

1973년에는 북해 유정을 발굴했으며, 1984년에는 남미의 라유카 유정도 발굴한다. 이 무렵 옥시덴탈 석유는 세계 7대 석유회사에 이은 8위의 석유회사에, 미국 내에서 12위의 공업회사로 성장하게 된다.

아맨드 해머에 대한 세상의 평판은 여러 가지로 엇갈린다. 해머의 인맥 가운데 미국의 원자력 개발에 참여한 인물이 있고, 해머 자신도 환경보호에 그다지 관심을 보이지 않았다는 점은 지금껏 비판을 받고 있다. 이 같은 비난은 21세기 기업경영의 방향이 지구환경 보호에 맞춰져 있기 때문이다.

하지만 해머가 살아온 시절은 환경에 대처할 정도의 수준은 아니었다. 개인의 경제번영을 추구하는 일이 무엇보다 시급한 시대였다. 이런 의미에서 본다면 빈곤에서 벗어나 경제번영을 이룬 해머의 삶은 연구대상이라 할 만하다. 정말이지 해머 개인의 인생은 흥미로운 드라마로 가득하다.

그런데 그의 이야기에서는 유대인의 지혜를 거의 찾아볼 수 없다. 사실 무신론 가정에서 자랐기 때문에 어찌 보면 당연할지도 모르겠다.

그에게 비즈니스 성공비결을 묻자, 이렇게 대답했다.

"나의 성공비결은 라이벌을 찾아내 그를 물리치는 데 있다. 그리고 유능한 인물을 내 편으로 끌어들여 그의 수완과 경험이 힘을 발휘하도록 했다. 친구의 도움도 필요하다."

그의 성공비결은 NCR의 존 패터슨, IBM의 토머스 와트슨, GM의 알프레드 스완 등이 취했던 전략과 기본적으로 일치한다. 해머는 유대인이 지닐 만한 경영사상을 가졌던 경영자는 아니었다.

그가 계속해서 유지했던 유대적 전통이라면 절망하지 않는 일이었다. 이는 아버지 줄리어스가 좌우명으로 삼았던 '실망에 몸을 맡기는 자는 자신이 최악의 적이 된다'는 말과 일맥상통한다. 이를 통해 해머는 끊임없이 자신을 격려했다. 이 말은 또한 '사태가 좋아지지 않는데 그것을 쉽게 떨쳐버리지 못해 더 악화시킨다'라든가 '절망하는 자는 인간이 되지 못한다'는 유대인의 속담을 떠올리게 한다.

5

대중의 입장을 대변하라

퓰리처는 편집방침으로 '민중 이외의 그 어느 것에도 봉사하지 않는다'를
내세웠다. 아무리 뛰어난 논문을 써도 대중은 그런 것을 즐겨 읽지 않는다.
센세이셔널리즘을 신문발행의 기본으로 삼은 점에서 그는 그때까지 다른
어떤 신문도 상상하지 못한 새로운 시대를 개척한다.

그들 중에 왜 유명 저널리스트가 많을까

저널리스트 중에도 유대인의 활약이 눈에 띈다. 『뉴욕타임스』의 사주인 옥스 슐츠버그도 유대인이다. 전세계의 보도 관계자들이 명예로 여기는 퓰리처상은 『세인트루이스 포스트 디스패치』와 『뉴욕월드』의 사주인 퓰리처를 기념하여 제정한 상이다.

제2차 세계대전이 발발하기 전 독일에서 영향력을 행사했던 『베르리나 타게브라트』는 루돌프 모제스가, 『프랑크푸르터 차이퉁』은 레오포르드 존마넹이, 『모르겐 포스트』는 레아포르드 울슈타인이 각각 창간했다. 특히 『모르겐 포스트』는 발행부수만 60만 부에 달했는데, 이들은 모두 유대인이었다.

영국의 세계적인 통신사 로이터의 창립자인 줄리어스 로이터도 유대인이었다. 『데일리 익스프레스』의 창간자 랄프 블루맨필드, 『데일리 텔레그라프』의 창간자인 레비 반함 등도 보도 관계자 중 기억에 남는 유대인이다.

물론 보도 관계자가 전부 유대인으로 이루어져 있다는 말은 아니다. 예를 들어 미국 전역의 일간지 1,800여 개 중에 유대인 소유의 신문은 50여 개밖에 되지 않는다. 또한 미국 전역에서 활동하고 있는 유대인 기자는 전체의 6퍼센트에도 못 미친다. 하지만 소수 유대인 중에 이렇게 유명한 저널리스트가 많다는 사실은 대중에게 지지받는 기사를 유대인 기자가 많이 제공하고 있다는 사실을 입증한다.

대중에게 지지받는 기사를 쓸 수 있는 비결은 공평함에 있을 것이다. 그들은 어느 특정집단의 권익을 대표하지 않고 얼마만큼 사물을 객관적으로 관찰할 수 있는지, 그리고 얼마나 대중의 이익을 추구하는 논평을 쓸 수 있는지를 중시한다. 언제든 대중의 입장에 서야 하는 것이다. 이러한 보도의 원형을 개척해 간 인물 가운데 한 사람이 바로 퓰리처(1847~1911)다.

신문왕 퓰리처 _ "민중 외의 어느 것에도 봉사하지 않는다"

미국의 여론조사에 따르면 '유대인 대통령 후보라면 투표하지 않겠다'고 대답한 사람이 1937년에는 46퍼센트였는데, 1983년에는 7퍼센트로 격감했다고 한다. 또한 1940년에는 '유대인을 싫어한다'고 대답한 사람이 63퍼센트나 있었는데, 1981년에는 미국 시민 가운데 81퍼센트가 유대인에 대한 호감을 나타냈다고 한다.

유대인에 대한 이러한 사회적 변화의 상징은 1992년 미국 대통령선거에서 유대인 혈통을 이어받은 로스 페로가 대통령 후보에 입후보한 일이었다. 또 2000년 선거에서는 엄격한 유대교도였던 리베르만 상원의원이 민주당의 부대통령 후보에 출마하기도 했다. 이처럼 지금의 미국 사회는 유대인이라는 사실만으로 차별을 받지는 않는다.

처음으로 미국 대통령이 되고 싶다고 생각했던 유대인은 조셉 퓰리처였다. 하지만 미국에서 대통령 후보가 되려면 미국 태생의 미국인이어야 했다. 퓰리처에게는 불가능한 일이었던 것이다. 보통 미국에 귀화한 사람이 올라갈 수 있는 최고의 직위는 국무장관까지였다. 닉슨 대통령 시대의 키신저 국무장관, 클린턴 정권의 올브라이트 국무장관이 바로 그 예이다.

그래서 퓰리처는 세상에 자신의 의견을 널리 알리기로 결심한다. 그리고 그 수단으로 신문을 택했고, 신문왕국을 건설하기에 이른다.

그는 열여섯 살에 홀몸으로 헝가리에서 미국으로 이민을 왔다. 남북전쟁시 북군에 지원했으며, 신문기자 등을 거쳐 서른한 살에 경매에 나온 『세인트루이스 디스패치』를 매수했다. 이 회사를 친구가 경영하던 『베스틀리히 포스트』와 합병시켜 『세인트루이스 포스트 디스패치』로 다시 태어나게 한다. 1878년의 일이었다.

당시의 신문은 소수의 엘리트를 대상으로 한 정치논평 혹은 과학기사를 주요기사로 다뤄 다소 지루한 내용뿐이었다. 그래서 좀처럼 발행부수가 늘지 않았다.

퓰리처는 편집방침으로 '민중 이외의 그 어느 것에도 봉사하지 않는다'를 내세웠다. 이것은 링컨의 게티스버그 연설로 유명한 '국민의, 국민에 의한, 국민을 위한 정부'를 한층 더 집약한 이념이라 할 수 있다.

그는 깨어 있는 사람이었다. 아무리 뛰어난 논문을 써도 대중은 그런 것을 즐겨 읽지 않는다. 대중은 세상을 떠들썩하게 하는 기사에만 관심을 갖는다. 센세이셔널리즘을 신문발행의 기본으로 삼은 점에서 퓰리처는 그때까지 다른 어떤 신문도 상상하지 못한 새로운 시대를 개척한다.

그의 신문은 사회의 부패를 심판했고 정치의 타락상을 규탄했으며 지도자의 악덕을 폭로했다. 또한 사건을 날카롭게 논박하면서 사건에 대한 관심을 증폭시켰다. 게다가 일회성에 그치지 않고 사건이 법정이나 의회에서 결론이 날 때까지 계속해서 연재했다.

민중의 정의를 대변하는 그의 신문은 문장 또한 드라마틱해서 순식간에 발행부수가 늘었다. 게다가 사원에 대한 대우도 매우 좋아 퓰리처에서 일하는 사람들은 정말 열심히 일했다.

1883년에는 발행부수 1만 5천 부로 하락을 거듭하던 『뉴욕월드』까지 사들여 3년 후에는 발행부수 25만 부라는 미국 제일의 신문으로 성장시킨다. 성공비결은 그때까지 신문에 대한 모든 상식을 깨고 정치 희화, 자극적인 삽화, 칼라만화 등을 신문의 지면상에 도입한 데 있었다.

1885년 프랑스에서 자유의 여신상이 보내졌지만 미합중국은 그 건설비용이 없었다. 그는 독자들에게 '5센트 모금'을 외쳤고, 5개월간의 캠페인을 통해 목표액 10만 달러를 모으는 데 성공했다. 이 또한 『뉴욕월드』의 한 성과였다.

옥스의 『뉴욕타임스』 _ "진지하게, 상식에 맞는 편집을 한다"

퓰리처는 경영에는 성공했지만, 그가 외친 센세이셔널리즘은 많은 사람들로부터 '옐로 저널리즘'이라 불리며 업신여김을 당했다. 또한 신문기자들을 술꾼에 난봉꾼으로, 아예 직업 자체를 불량하게 보는 시각을 만들기도 했다.

신문의 사회적 권위 확립에 공헌한 사람은 아돌프 옥스(1857~1935)다. 그는 바바리아 출신으로 어릴 때 양친과 함께 미국으로 이주해 왔다. 그는 열한 살 때 테네시 주 녹스빌의 한 마을 신문사에 급사로 채용되었고, 열일곱 살에는 켄터키 주 루이빌에 있는 신문사 식자공이 된다. 그리고 신문사에서 문장과 세련된 기사란 무엇인지 등을 몸으로 익힌다.

스무 살에는 테네시 주에서 망해 가던 『샤타누가타임스』를 250달러에 사들여 수년 후 다시 일으켜 세웠을 뿐만 아니라 남부에서 가장 권위 있는 신문으로 만든다. 그는 퓰리처처럼 화려한 성격은 아니었지만 성실함과 진지함을 높이 평가받아 미국 유대교를 대표하는 개혁파의 수장인 랍비 아이작 와이즈의 딸과 결혼까지 한다.

1896년 그가 두 번째로 사들인 신문사는 45년의 명문이지만 매년 적자가 25만 달러, 발행부수가 9천 부밖에 되지 않았던 『뉴욕타임스』였다.

옥스가 내건 편집방침은 이랬다.

"진지하게, 청결하게, 상식에 맞는 편집을 한다. 누구도 두려워하지 않고 정당과 종파에 기울어지는 일 없이 공평하게 뉴스를 제공한다. 또한 인쇄할 가치가 있는 뉴스만 게재한다."

그리고 신뢰도를 높이면서 온건한 기사로 지면을 장식했다. 그 결과 독자가 크게 늘어 당시 9천 부였던 신문이 조간 46만 6천 부, 일요판 73만 부라는 세계 제일의 신문이 된다(2003년 집계, 111만 3천 부).

그는 '공평'을 방침으로 내세웠기 때문에 유대인의 편에 서는 기사를 되도록 피하려 했다. 유대인을 옹호하는 기사를 써서 다른 독자들의 반감을 사는 일을 경계했던 것이다. 그래서 제2차 세계대전이 일어나기 전 히틀러가 유대인 학살의 만행을 저지를 계획을 세우고 있다는 사실을 알면서도 이를 공표하는 일을 주저했다. 돌이켜보면 이는 옥스가 저지른 과오, 즉 역차별이라 할 수 있다. 이런 민감한 문제에 대한 취재는 지금도 유대인에게 근심 거리가 되고 있다.

옥스가 죽은 뒤 『뉴욕타임스』는 그의 사위인 아서 슐츠버그가 상속받았고, 지금도 슐츠버그가의 소유로 되어 있다.

월터 리프만 _ "신문은 암흑 속의 회전식 서치라이트"

월터 리프만(1889~1974)은 현대적인 저널리즘의 확립이라는 관점에서 신문과 기사의 관계를 투철한 직업의식에 입각하여 고찰했다. 그리고 저널리즘이 나아갈 방향에 대해 제시하기도 했다.

그는 "인간에게는 자신의 마음속에 있는 가치관이나 원하는 바를 통해 사물을 보려는 경향이 있다"고 지적했다. 이는 독자에게만 해당되는 얘기가 아니다. 사건을 공표하는 경찰관, 기업의 광고 및 홍보 담당자, 그리고 신문기자까지 자신이 상상한 모습으로 사건을 받아들이려 한다. 그래서 그는 신문에 보도된 뉴스와 진실은 확연히 구별되어야 한다고 경고했다.

어쨌든 신문은 여론을 대표하는 '법정'처럼 여겨지는 경향이 있다. 하지만 뉴스라는 것 자체가 편견에 좌우될 가능성이 있기 때문에 이 법정이 공평하면서도 올바른 판단을 내리는 일은 있을 수 없다. 오히려 신문은 암흑 속에서 여러 방향을 비추는 회전식 '서치라이트'에 지나지 않는다. 다시 말하면 빛이 비춰지지 않은 장소에서 일어난 진실까지는 다루지 못한다. 따라서 모든 뉴스의 최종적인 판단은 독자 개인이 내려야 한다.

리프만은 유복한 독일계 유대인의 독자로 태어났다. 그리고 하버드대학 철학과를 최우수 성적으로 졸업했다. 하지만 당시 하버드대학은 유대인에게 냉담했기 때문에 되도록 자신이 유대인이라는 사실을 숨기며 살았다. 그는 20대 초반에 사회주의운동에 참여했고, 사회당원이 되기도 했다.

제1차 세계대전 중 육군 정보담당 장교로 임명되면서 거리를 두고 사물의 배후에 존재하는 진실을 꿰뚫어 보는 경험을 하게 된다. 이때의 경험은 정보를 대할 때 냉정하고 객관적으로 바라볼 수 있는 눈을 갖게 해준다.

전쟁이 끝나고 얼마 지나지 않은 1922년 『세론世論』을 발표하면서 그는 단번에 각광받는 존재가 된다. 그해 그는 『뉴욕월드』의 논설위원이 되며, 그 신문이 폐간되는 1931년까지 논설주간을 맡는다.

리프만은 논설에서 사회 전체의 흐름을 주시하고 사물의 핵심을 정확히 고찰했다. 그 결과 그의 칼럼 「오늘과 내일」은 다른 많은 저널리스트나 관료들이 읽는 필독 칼럼이 된다.

이는 『뉴욕월드』의 창립자였던 퓰리처가 가장 바랐던 목표이기도 했지만 실현하지 못한 일이기도 했다.

리프만은 대부분의 독자가 15분 만에 신문을 읽기 때문에 되도록 간결하고 이해하기 쉬운, 그리고 오해를 사지 않을 문장을 쓰는 일이 무엇보다 중요하다고 말했다.

아브라함 칸 _ "인간미 넘치는 기사를 제공하라"

리프만의 고상함과는 대조적으로 노동신문 『주이시 데일리 포워드』는 대중을 위한 신문이었다. 이 신문은 1897년 유대인 이민을 위해 뉴욕에서 출판되기 시작했으며, 이디시어로 되어 있었다.

『주이시 데일리 포워드』는 리투아니아 출신의 사회주의자 아브라함 칸(1860~1951)이 발행했다. 그는 1882년 러시아에서 망명해 왔다. 처음에 이 신문은 유대인 노동운동을 하는 모든 단체의 기관지로 발행되었다. 하지만 항상 자본주의를 공격하는 기사만 쓰는 동료들에게 흥미를 잃어 이 신문사를 떠나게 된다.

그가 예상했던 대로 이데올로기 논쟁만 일삼던 신문은 얼마 지나지 않아 팔리지 않게 된다. 그럴 즈음 칸이 다시 복귀한다. 다시 돌아온 그는 연재소설, 스포츠 기사, 영어회화 입문, 미국생활 입문 등 생활에 도움을 주면서 독자의 마음을 편하게 만드는 기사를 제공하는 신문으로 탈바꿈을 시도한다.

노벨 문학상을 수상한 아이작 바셀비스 싱어도 이 신문의 연재소설 작가로 채용되어 세상의 이목을 끌게 된다.

이 신문에서 가장 인기를 끌었던 것은 독자상담실 코너였던 「빈텔 브리프」였다. 이 코너는 칸의 발상으로 시작된 세계 최초의 기획이었다. 다른 것은 둘째치고라도 저명인이 아닌 일반 독자가 신문에 자유로이 투고할 수 있다는 것 자체가 대히트였다. 게다가 이 코너는 어떤 질문이나 괴로움을 투고해도 상관없었다. 「빈텔 브리프」에서는 유대인 이민자들이 겪는 온갖 생활상의 문제들이 토론되었다. 그 인기는 포워드 사 앞에 투서를 대신 써 주는 사람이 생길 정도였다. 이를 계기로 다른 신문사에서도 독자상담실이나 가정란을 만들게 된다.

"사람들에게 사회주의 사상의 좋은 점을 알리려면 인간미 넘치는 기사를 제공하는 일이 가장 좋다."

이것이 바로 칸이 추구한 신문철학이었다. 이런 점에서 다른 여러 사람들과 생각이 같았는데, 제1차 세계대전 후에는 발행부수가 20만 부에 이르게 된다.

여담이지만 칸의 반자전 소설 『데이비드 레빈스키의 출세(1917)』도 영문학의 단편으로 빛을 발했다.

라디오 방송의 영웅 사르노프

보도 세계에서 빠뜨려서는 안 될 게 바로 라디오와 텔레비전이다. 특히 미국의 경우 이 분야는 거의 유대인의 독무대라고 할 수 있다. 이와는 대조적으로 유럽 방송계에서는 유대인의 활약상이 거의 없다. 왜냐하면 미국의 방송망은 민간업계의 자주적인 리더십을 통해 발달했지만 유럽은 대부분 국가가 방송망을 이끌어갔기 때문이다.

잠시 방송 기술면을 살펴보자. 독일에서는 이민 온 유대인 에밀 버리너(1851~1929)에 의해 마이크로폰이 발명된다. 그는 에디슨이 발명한 실린더형의 레코드를 평판 레코드로 개량하기도 했다. 이를 계기로 빅터 레코드 사가 만들어진다. 그 후 버리너는 헬리콥터 개발에 몰두했으며, 결국 두 개의 날개를 가진 헬리콥터를 개발해낸다.

한편 미국의 3대 네트워크인 NBC, CBS, ABC 모두 창립자가 유대인이다. 그 중에서도 NBC의 창립자 데이비드 사르노프 (1891~1971)의 등장은 한 편의 드라마였다.

사르노프는 러시아의 민스크에서 태어났다. 1900년 가족과 함께 미국으로 이주해 왔는데, 뉴욕에 도착한 지 얼마 되지 않은 열 살 때부터 신문팔이를 했다.

그는 신문기자가 되고 싶어 했다. 그래서 열다섯 살이 되었을 때 굳은 결심을 하고 용기를 내어 신문사를 방문한다. 그는 "이곳에서 일하고 싶다"고 말했고, 결국 주급 5달러에 일하게 된다. 하지만 실제로 그가 일하게 된 곳은 전보회사였다. 그가 입구를 착각하여 신문사 건물 안에 있던 전보회사에 면접을 봤던 것이다.

이유야 어찌됐든 취직 자체가 그에게 커다란 기쁨을 가져다 주었다. 그는 급여를 모아 전신기를 샀고, 집에서 모르스 신호를 열심히 배웠다. 다음 해, 그는 마르코니 무선회사로 직장을 옮긴다. 무선을 발명한 마르코니는 그의 재능을 알아차려 자신의 사설비서로 지명한다. 한편 사르노프는 보스턴의 남동부 대서양 끝단에 위치한 낸터킷 섬의 무선기지 공사를 지원하여 그곳에서 2년간 부무선사로 실무경험을 쌓는다.

그 후 사르노프는 뉴욕의 워너메이커국으로 근무지를 옮긴다. 1912년 4월 14일, 그가 당직을 서고 있는데 갑자기 '또·또·똔, 또-온·또-온, 또·또·똔…… SOS……' 라는 통신음이 들려온다. 그것은 2천 4백 킬로미터나 떨어져 있는 대서양에서 신형의 초호화 여객선 타이타닉호가 빙산에 충돌했다는 소식을 전하는 전파였다.

그로부터 3일간 그는 밤낮으로 침몰해 가는 타이타닉호와 교신했고, 인명구조를 위해 다가가는 인근의 다른 배들과 교신하면서 쉴 새 없이 생존자의 이름과 구조 상황을 파악하는 데 열중했다. 당시에는 무선 전파기술이 미약했기 때문에 일단 사르노프가 수신하기 시작한 전파를 도중에 다른 사람이 교환하지는 못했다. 게다가 사르노프는 조난과 구조 상황을 모두 파악하고 있었기 때문에 도중에 무선담당을 바꿀 수도 없었다.

혼선을 피하기 위해 태프트 대통령은 구조 활동이 끝날 때까지 워너국 이외의 모든 무선국을 폐쇄시켰다. 타이타닉호의 조난으로 1,513명이 생명을 잃었지만, 사르노프가 구조요청 신호를 들은 덕분에 700여 명의 승객을 구할 수 있었다. 그 결과 사르노프는 단번에 미국의 영웅으로 부상했다.

제1차 세계대전으로 인해 마르코니 사는 미국 해군에 접수되었고, 전쟁이 끝난 후 그 기술을 계승하여 1919년 RCA를 설립한다. 이때 사르노프는 초대 영업부장이 된다.

RCA는 라디오수신기 판매회사로, 모회사인 GE와 웨스팅하우스가 라디오를 제조하고 AT&T(미국전신전화회사)가 송신기를 제조·판매하는 식이었다. 이 무렵부터 미국에는 소규모의 상업 라디오국이 개설되기 시작했다.

라디오 수신기의 보급을 장려하기 위해 사르노프는 1921년 여름, 프로 복싱 세계타이틀전의 실황을 중계하여 폭발적인 인기를 끌었다. 이 외에도 야구 방송을 전파에 싣는 등 여러 가지 오락방송을 기획했다. 그 결과 라디오수신기 판매가 가파른 신장을 나타낸다.

이 성공을 바라보면서 모회사인 AT&T는 다음 해 자사의 전화망을 사용하여 미국 동부에서 중서부에 이르는 광역방송망을 통해 방송을 개시한다. 정보통신의 네트워크 전쟁은 통신기술의 개발과 동시에 시작된 셈이다. 또한 그와 동시에 회사 계열 내부에서 라이벌이 생기기도 했다.

만약 일본인이라면 이쯤에서 담합을 하고 해결책을 모색했을 것이다. 하지만 담합을 하면 자회사가 모회사를 이기기가 거의 불가능하다. 사르노프는 독점금지법을 위반한 AT&T를 계약위반 혐의로 재판소에 고소했다. 그래서 결국 1926년에 승소한다. 이는 AT&T의 네트워크를 이어받아 라디오 방송망 NBC를 설립하는 계기가 되기도 했다. 그는 이때 초대사장으로 취임한다.

사르노프는 음악방송에도 힘을 쏟았다. 축음기 제조사인 콜롬비아 사가 1928년 페리의 지휘 아래 CBS라는 방송사업에 참여하고, 빅터가 1929년 RCA 산하로 들어온 이유도 사실은 새로운 미디어의 출현에 따른 창조적 파괴현상의 하나였던 셈이다.

방송의 발달로 일반 사람들이 라디오 수신기를 사는 숫자는 점점 늘어만 갔다. 한편 화장품 제조사나 식품 제조사 등은 라디오 방송 사이에 상품을 선전하기 시작한다. 라디오 방송을 통해 소개되는 상품의 선전 효과는 정말 놀라웠다.

시카고의 엽궐련 회사는 처음에 지방의 작은 라디오국의 권유로 시험 삼아 엽궐련을 선전했다. 그런데 그 결과는 엄청났다. 광고를 하기 전에는 하루에 40만 개피만 생산해도 충분했는데 6개월 후에는 매일 1백만 개피를 생산하게 된 것이다. 이를 본 엽궐련 회사의 아들은 1927년 그 라디오 방송국을 매수했고, 다음 해에는 콜롬비아레코드 사와 동부 방송망 15개국을 45만 달러에 매수하면서 CBS로 이름을 바꾼다. 그 엽궐련 회사의 아들이 바로 CBS의 초대 사장인 윌리엄 페일리(1901~1990)다.

페일리는 무슨 일이 터질 때마다 NBC와 대항하면서 회사를 성장시켜 갔다. 1928년 NBC가 할리우드의 RKO를 매수하자 다음 해 CBS는 파라마운트와의 제휴를 발표한다. 1926년 NBC는 19개국으로 출발했지만 1946년에는 159개국에 이를 정도로 성장한다. 한편 CBS는 1927년에 16개국이었지만 1946년에는 62개국으로 성장한다. 두 회사는 모두 전속 탤런트를 갖추고 각각의 오락 프로그램에 전력을 다했지만 1940년대 말 CBS가 NBC의 탤런트를 빼내오면서 청취율 다툼에서 우위를 차지하게 된다.

한편 NBC는 1939년 뉴욕 세계박람회 개최와 때를 맞춰 상업적 텔레비전 방송을 시작한다. 이에 질세라 CBS도 곧 NBC를 뒤따른다. 제2차 세계대전 후인 1948년부터는 급속도로 텔레비전 방송이 확대되는데, 이번에는 컬러텔레비전 방송을 두고 두 회사가 경쟁을 벌이게 된다.

선발주자는 CBS였지만, CBS방식인 경우에는 컬러수신기로만 영상을 볼 수 있었다. 반면 후발주자였던 NBC의 RCA방식은 컬러수신기와 흑백수신기 모두 프로그램 시청이 가능했기 때문에 결국 NBC의 RCA방식이 승리한다.

한편 1953년 파라마운트 극장과 파라마운트 사의 사장 레오나르도 골덴슨이 NBC의 일부를 매수하면서 할리우드를 본거지로 한 ABC가 설립된다. 현재 ABC는 세 번째로 큰 전국 네트워크를 지니고 있다.

후발주자였던 ABC는 여러 가지로 조건이 불리했다. 유명한 탤런트는 대부분 NBC 아니면 CBS 전속이었기 때문에 그들을 고용할 수 없었고, 광고 스폰서도 좀처럼 ABC에는 관심을 갖지 않았기 때문이다.

그래서 골덴슨은 방송 전체를 스폰서에게 팔던 관례를 깨고 분 단위로 잘라서 팔기 시작한다. 그 결과 요금 부담이 줄어들어 광고 스폰서가 황금시간대를 복수로 이용할 수 있게 되었다.

또한 그는 스포츠 방송에 힘을 쏟았다. 개인 탤런트에 의존하지 않으면서 시청률을 높이는 방안을 고안한 것이다. 스포츠 방송의 시청률을 수위로 끌어올린 다음에는 인기 드라마를 만들었다. 그 결과 1975년에는 황금시간대에 시청률 1위를 기록하게 된다.

따지고 보면 할리우드의 영화산업도 결국 뉴욕에서 유대인이 시작한 저가의 오락산업에서 발전한 것이라 할 수 있다. 입장료 5센트로 즐길 수 있는 저가의 극장으로 쉽게 접할 수 있는 오락을 제공하였던 것이 발전한 형태다. 이는 가난한 예술인과 노동자가 희로애락을 공감할 수 있는 세계인 동시에 상류층으로부터 경시받던 세계이기도 하다.

덧붙이면 할리우드가 오늘날처럼 영화산업을 대표하는 마을로 유명해진 이유는 일년 내내 맑은 날씨라 영화를 촬영하기 쉬워 스튜디오가 많이 몰렸기 때문이다.

보도나 미디어 분야에서는 유대인의 활약이 참으로 눈에 많이 띈다. 그렇다고 해서 그들이 전략적인 의도로 참여한 것은 아니다. 예전에는 천시를 받던 직업이었기 때문에 오히려 가장 손쉽게 접할 수 있었던 것뿐이다.

그로부터 반세기가 지나면서 세상이 변했고, 신문과 텔레비전, 영화산업도 이제는 유망 직종이 되었다. 하지만 뉴스의 공평함과 객관성을 추구하는 유대인의 정신은 예전과 마찬가지다.

논리적 사고로 승부하라

변화라는 가혹한 시련을 극복하고 살아남지 못한다면 낙관적인 미래를 기대할 수 없다. 변화를 극복하고 살아남으려면 보다 많은 부가가치를 창출해내는 방법을 배워야 한다.

그들을 빼고 컴퓨터를 논하지 마라

20세기 후반 가장 놀랄 만한 변혁이라고 하면 가장 먼저 컴퓨터
가 떠오른다. 최초의 컴퓨터는 러시아계 미국인 존 애터너소프가
1942년에 발명했다.

컴퓨터가 발명된 순간부터 성능 개선과 신기종의 개발은 마치
숙명처럼 여겨졌다. 예를 들어 에커트와 모클리가 1946년 개발
한 '에니악(ENIAC)'은 진공관 1만 8천 개를 움직이는 거대한 계산
기였지만 열자리 수를 20개밖에 기억할 수 없었다. 그래서 프로
그램이 변할 때마다 직접 키를 조작하여 내부의 배선을 변환시켜
명령을 전달해야 했다. 그것은 정말 손도 많이 가고 시간도 많이
걸리는 작업이었다.

이러한 결점을 극복하고 컴퓨터를 실용적으로 사용하는 방법
을 개발한 사람이 미국원자력위원회의 회원이면서 프린스턴고등
연구소의 수석교수였던 존 폰 노이만(1903~1957)이다.

그는 헝가리의 부다페스트에서 태어난 유대인으로, 1931년 미
국으로 이주했다. 소년 시절부터 수학에 탁월한 재능을 보였던
그는, 특히 양자역학의 수학적 기초연구로 유명하며 7개 국어에
능통한 언어학자이기도 했다. 또한 경제학자인 모르겐스턴과 함
께 『게임의 이론과 경제행동』을 저술하기도 했다.

노이만은 프로그램을 기억장치에 기억시켜 아주 부드럽게 기
계에 명령을 내리는 방법을 제안했다. 이것이 오늘날 컴퓨터를

작동시키는 방식인 노이만식 컴퓨터의 특징이다. 그 결과, 오늘날의 컴퓨터는 동작을 순서대로 한 개씩 명령문으로 기술하고, 그것을 체계적으로 묶은 프로그램을 기계에 기억시키게 되어 있다. 1949년 영국의 '에드삭(EDSAC)' 컴퓨터가 이 방식을 처음으로 사용했으며, 미국에서는 1951년 '에드박(EDVAC)'에 의해 실현되었다.

이와 동시에 컴퓨터의 판매경쟁도 시작된다. 에니악을 개발한 에커트와 모클리가 유니박 사(현, 유니시스 사)를 설립하고 1951년에 실용기계 제1호를 팔기 시작한 것이다. IBM이 '모델 701'을 내놓은 것은 1953년의 일이다. 역사란 참으로 알 수가 없다. 이 모델을 내놓기 전인 1949년에 자금난을 이유로 에커트가 IBM에 원조를 요청했을 때 그들을 받아들였다면 지금의 IBM은 명실상부한 세계 최초의 컴퓨터 제조사가 되었을 것이기 때문이다.

1960년대로 들어서면서부터 컴퓨터의 작동이 진공관에서 트랜지스터로 전환된다. 그 결과 성능이 구 버전을 훨씬 뛰어넘으며, 개발 경쟁도 더욱 치열해진다.

이는 유대인이 장점으로 삼는 분야이기도 했다.

예를 들면, 1955년 IBM이 컴퓨터 개발에 본격적으로 뛰어들었을 때 연구개발 부분의 최고책임자로 임마누엘 피오레를 영입했다. 그는 MIT의 추천으로 IBM에 스카우트되었는데, 해군연구소의 주임연구원으로 일하면서 냉전대응 군사연구로 활약하기도 했다. 나중에 그는 유대인으로는 처음으로 IBM의 부사장에 오르기도 한다. 그를 시작으로 IBM 설계·개발 부문에 우수한 유대인 엔지니어가 잇달아 입사하게 된다.

재미있는 사실은 IBM에서 대규모 프로그램을 개발하는 유대인 기술자 가운데 절대적인 유대교 신봉자가 많다는 점이다. 그들은 어려서부터 탈무드를 연구하면서 익힌 추론사고 덕분에 아무리 거대한 프로그램이라도 정리 정돈하면서 체계적으로 바꿔 낼 수 있었다.

물론 소형 퍼스널컴퓨터 프로그램 개발 분야에서도 유대인의 활약은 눈부시다. 『실록! 천재 프로그래머』에는 세계적으로 유명한 프로그래머 19명이 소개되어 있는데, 적어도 그 중 다음의 7명이 유대인이다.

찰스 시모니 – 멀티플랜의 개발자

단 브릭클린 – 비지캘크의 설계자

봅 프랭크스톤 – 비지캘크의 개발자

조나단 삭스 – 로터스 1-2-3의 개발자

피터 로이젠 – T/Maker의 개발자

제프 라스킨 – 매킨토시 탄생의 어머니

앤디 헤르츠펠드 – 매킨토시 운영체제 개발자

위의 7명 가운데 시모니를 뺀 나머지 6명은 모두 아주 뛰어난 프로그래밍 언어를 개발했는데, 그 프로그램을 개발했던 회사를 퇴직해서 지금은 독자적인 활로를 개척중이다. 똑같은 천재라고 해도 베이직(BASIC)의 개발자인 빌 게이츠가 마이크로소프트 사의 회장으로 두각을 나타내는 모습과는 너무나 대조적이다. 이는 지위확립을 우선시하는 청교도와, 자유분방함을 추구하는 유대인과의 기질적인 차이에서 나온 결과인지도 모른다.

컴퓨터 프로그램 개발은 아이에게 언어를 가르치는 작업과 매우 흡사하다.

말을 할 줄 모르는 아이는 '맘마, 하하, 호호' 등 단순한 의성어로 말을 걸기 시작한다. 그러면서 차츰 '엄마, 아빠, 멍멍, 야옹야옹' 등의 말을 하다가 이윽고 '배고파요' 정도의 간단한 문장을 읊을 정도의 수준이 된다. 그리고는 웬만한 어른 못지않게 능숙한 회화를 구사하게 된다.

그저 단순한 기계에 지나지 않는 컴퓨터지만 여러 가지 작업을 명령하기 위해서는 다음과 같은 언어가 필요하다. 예를 들면 0과 1의 숫자로 나열되는 단순한 2진법의 기계어, 16진법의 기계어, 컴퓨터와 기계어를 대응시키기 위한 포트란(FORTRAN)이나 코볼(COBOL), 베이직(BASIC) 등의 고급 프로그래밍 언어, 사용자가 간단하게 조합하거나 응용할 수 있는 간이언어(예를 들어 PIPS, Calc), 작업 수순을 이미 조합시켜 놓은 프로그램 소프트웨어 등 몇 단계의 언어벽이 존재한다.

아이가 어른들의 말을 이해하기는 쉽지 않다. 따라서 아이에 대한 애정과 인내가 무엇보다 필요하다. 마찬가지로 기계어밖에 이해할 수 없는 컴퓨터에게 인간의 의사를 전달하고 실행시키는 작업인 프로그래밍 언어나 콘파이라의 개발은 기계에 대한 애정과 인내가 필요하다.

매킨토시를 탄생시킨 제프 라스킨

컴퓨터란 말을 듣기만 해도 알레르기 반응을 보이는 사람이 있다. 미국에서도 마흔 살 이상된 중장년층의 대부분이 컴퓨터 알레르기를 앓고 있다. 이런 점에서 보면 컴퓨터 조작이 그리 간단하지만은 않은 것 같다.

사람들이 멀리할 정도로 사용하기 불편하다면 도구로서 실격이다. 애플 사에서 출판 부문 매니저로 일하던 제프 라스킨은 바로 이 점에서 착안했다.

그는 말한다.

"세탁기는 빨래를 던져 넣고 버튼 하나만 누르면 모든 일을 알아서 해 준다. 컴퓨터도 정보만 입력하면 간단히 버튼 하나로 모든 일을 처리할 수 있어야 한다. 그래야만 비로소 도구로 인정될 수 있다."

그는 자신의 생각을 발전시켜 텍스트와 그래픽을 간단히 섞을 수 있으면서 쓰기도 쉬운 컴퓨터 프로그램을 개발했다. 그것이 바로 '매킨토시다(참고로 현재 전세계의 컴퓨터 시장을 주름잡고 있는 마이크로

소프트 사도 매킨토시의 화면 입력을 모방한 '윈도우즈'를 발매했고, 차례차례 '윈도우즈'의 개량판이 성공하면서 1995년 이후 비약적인 발전을 이루었다).

라스킨은 1943년 뉴욕에서 태어났다. 그는 멀티미디어 컴퓨터를 탄생시킨 장본인으로, 멀티플레이어라 불릴 만큼 다양한 능력을 지니고 있었다. 라스킨은 뉴욕주립대학에서 수학, 물리, 철학, 음악 공부를 했고, 펜실베이니아대학에서는 컴퓨터 과학을 전공하면서 석사 학위를 취득했다. 또 캘리포니아대학 샌디에이고 분교에서 비쥬얼 아트를 가르쳤다. 게다가 스탠퍼드인공지능연구소에서 범용 키보드, 그래픽 등을 대상으로 하는 연구원 생활을 했으며, 1978년에는 애플 사에 입사했다.

이 외에도 그는 샌프란시스코 실내오페라극단의 지휘자, 팩키지 디자이너, 항공기 설계사 등 폭넓은 활동을 했다.

그가 애플 사에 들어가 매킨토시 개발을 제안했을 때, 애플 사의 경영진은 텍스트와 그래픽을 동일 화면에서 구현한다는 발상 자체를 어이없게 여기며 입을 모아 반대했다. 애플 사는 1976년 스티브 잡과 스티브 워즈니악이라는 두 청년이 차고를 공장으로 개조하여 설립한 신생 회사다. 그런데도 5년이란 시간 동안 "그것은 불가능한 일이다. 이것도 어렵기는 마찬가지다. 설령 가능하더라도 도대체 어디에 사용할 것인가!"라는 식으로 참신한 아이디어를 부정하기 시작한다. 이에 혐오감을 느낀 그는 1982년 애플 사를 퇴직한다.

라스킨은 예술가이기도 했지만 '소비자를 배제한 비즈니스란 있을 수 없다'는 사실을 충분히 인식하고 있었다. 그는 컴퓨터 업계가 실적 부진으로 허덕이고 있다면 아마 다음과 같은 이유일 것이라고 말했다.

"첫째, 컴퓨터를 구매한 사람은 그것이 사용하기 쉽든 어렵든 간에 이미 구입을 한 상태이기 때문에 당분간은 신규로 주문하지 않는다. 둘째, 제조사가 기존 고객에게만 판매를 확장하려 들기 때문에 기존 고객은 싫증을 느껴 새로운 제품이 나와도 사려 하지 않는다. 하지만 소비자의 입장에서 정말 쓰기 편하고 다양하게 응용할 수 있는 컴퓨터가 있다면 누구나 사려고 할 것이다. 단순 명쾌하면서 숙지도나 습득력에 관계없이 똑같은 효과를 얻을 수 있는 제품이 있다면 틀림없이 시장에서 영역을 확보할 수 있을 것이다."

이는 단순히 컴퓨터 사업에만 국한된 얘기는 아니다. 모든 가전제품과 설비기기에도 똑같이 통용되는 진리다.

세계 최대의 반도체 기업 인텔을 키워낸 앤디 그로브

그러나 초기에 출시된 컴퓨터는 일반 서민이 접하기에는 너무 비쌌다. 그러나 인텔 사에서 '중앙연산장치', 즉 'CPU'를 발명하면서부터 많은 사람들이 일상생활의 도구로 컴퓨터를 사용할 수 있게 되었다. 그런데 1968년에 창업한 이 회사를 오늘날까지 이끌며 세계적 기업으로 키워낸 앤디 그로브 역시 유대인이었다.

그로브는 1936년 헝가리의 부다페스트에서 태어났다. 제2차 세계대전 중에는 모친과 함께 러시아인 행세를 하면서 유대인 검색에 혈안이 돼 있던 독일군의 눈을 피해 다녔다.

그로브는 음악, 문학, 물리학, 화학 등을 모두 좋아하는 다재다능한 소년이었다. 그의 부모는 언젠가 영어가 빛을 발할 날이 오리라 예상하고 앤디에게 영어를 가르쳤다. 이때 배웠던 영어는 헝가리 동란이 있었던 1956년, 오스트리아를 경유하여 미국으로 탈출할 때 많은 도움이 된다.

든든한 후원자 한 명 없었던 그는 뉴욕시립대학 화학공학과에서 어렵게 공부했다. 3년 반 뒤에 수석으로 졸업한 그는 버클리에 있는 캘리포니아대학 대학원으로 진학하여 박사 학위를 취득했고, 페어차일드 세미컨덕터에서 반도체 개발에 종사하게 된다.

반도체 기술은 한 장의 실리콘 칩 위에 얼마만큼 많은 트랜지스터를 얹을 수 있느냐가 경쟁의 관건이었다. 그런데 어느 날 페어차일드 사의 최강 기술진이 집단으로 퇴직하는 일이 일어난다. 그래서 그로브는 저비용·고성능의 제품을 공급하는 회사를 만들어 보겠다는 생각을 갖게 된다. 이것이 인텔 사의 시작이다. 그는 반도체 디바이스와 실리콘 화합물에 대해 잘 알고 있었다.

그는 기술과 제조 부문의 책임자가 되었고, 1979년에는 사장, 1987년에는 최고경영자(CEO), 1997년에는 회장이 된다.

그의 경영철학의 근간에는 다음과 같은 사고방식이 자리잡고 있다.

"근심하고 걱정하는 자만이 살아남는다."

그는 헝가리를 탈출해 무사히 미국에 도착할 때까지 위험에 대한 경계심을 늦추지 않았다. 이 경영철학은 실패 확률을 최소한으로 줄이며 망명에 성공한 자신의 실제 체험에서 빚어진 고백이나 마찬가지였다. 또한 최소의 에너지로 최대의 효율을 이끌어낸다는 그의 험난한 세상에서 살아남는 법칙이기도 했다.

그는 말한다.

"경영자든 종업원이든 동일 업종에 종사하고 있는 몇백만 명과 경쟁상태에 놓여 있다. 여기에서 우위를 확보하기 위해서는 끊임없이 자신을 갈고 닦아야 한다."

그에게 경영자나 종업원이냐 하는 문제는 중요하지 않았다. 중요한 점은 똑같은 입장에 처해 있는 다른 업계와의 경쟁에서 승리하는 일이었다. 이 사실은 그가 망명을 성공으로 이끈 비결이기도 했다. 그는 "다른 업체와의 경쟁에서 승리하려면 몸(신체)이 버거울 정도로 열심히 노력하는 것보다 두뇌를 써서 효율적으로 뛰는 게 중요하다"고 조언했다.

그로브는 "매니저의 가장 중요한 책임은 부하가 최고의 업적을 낼 수 있도록 하는 것"이라고 서슴없이 말한다. 이 일에 어떤 특별한 방법이 있는 것은 아니다. 그때그때의 상황에 맞춰 적절한 선택을 하는 일이 무엇보다 중요하다. 그는 "팀원 때문에 팀의 실적이 오르지 않는다. 매니저인 나는 아무 관계가 없다"는 식의 변명을 인정하지 않는다. 그는 정말 엄격한 경영자였다.

그렇다고 부하 직원에게 성과만을 요구하는 그런 냉혹한 경영자도 아니었다. 그는 부하 직원과의 대화를 중시했으며, 부하 직원을 부르지 않고 자신이 직접 현장으로 달려가 대화에 임했다. 그리고 부하 직원한테서 배울 점이 있으면 기꺼이 배우려 했다.

이에 대해 그는 다음과 같이 설명한다.

"가장 큰 정보는 가끔 무심코 주고받는 대화 속에 있다."

그는 부하의 입에서 무심코 흘러나오는 진심 어린 한마디를 놓치지 않았다. 그래서일까?

그는 다음과 같은 세 가지 'L'을 실천했다.

- Level _ 상대의 레벨까지 내려가서 솔직하게 이야기한다.
- Listen _ 상대방의 이야기에 귀 기울이며 주의 깊게 듣는다.
- Leave yourself out _ 상대방의 문제 밖에서 객관적으로 사물을 바라본다.

타인의 말에 귀를 기울이라는 그로브의 조언에는 유대 민족의 지혜가 깃들어 있다.

탈무드는 2,000년 훨씬 이전부터 다음과 같이 가르치고 있다.

"현인이란 누구인가? 그것은 모든 사람으로부터 배우려는 사람을 말한다. 존경받는 사람이란 누구인가? 그것은 다른 사람을 공경하는 자를 말한다."

헝가리에서 학교에 다닐 무렵 그로브가 가장 존경했던 인물은 물리학을 가르친 볼렌스키 선생이었다.

그 선생은 그로브에게 다음과 같이 예언했다고 한다.

"인생은 커다란 호수와 같다네. 그런데 모든 사람이 그 호수를 건너갈 수는 없네. 하지만 그로브 군이라면 틀림없이 건너갈 수 있을걸세."

앤디 그로브는 1997년 『타임스』가 선정한 '올해의 인물'에 뽑히기도 했다.

그때 그는 자신이 걸어온 60여 년의 인생을 되돌아보며 다음과 같이 말했다.

"볼렌스키 선생님의 예언대로 저는 어렵사리 인생의 큰 호수를 건너왔습니다. 열심히 노력했고 많은 좌절도 있었습니다. 그리고 다른 많은 분들의 도움과 격려도 많이 받고……. 저는 지금도 열심히 헤엄치고 있습니다."

인생이라는 거대한 호수를 헤엄쳐 건너는 일은 유대인뿐만 아니라 인류 모두에게 하느님이 내린 과제라 할 수 있다. 개인의 천직이 교육이든 학술연구나 기술개발이든 비즈니스든 간에 자신이 지니고 있는 지혜와 힘을 한껏 쏟아 부어 자신 앞에 놓인 넓은 호수를 건너야 한다.

그 비결에 대해 그로브는 다음과 같이 말한다.

"변화라는 가혹한 시련을 극복하고 살아남지 못한다면 낙관적인 미래를 기대할 수 없다. 변화를 극복하고 살아남으려면 보다 많은 부가가치를 창출해내는 방법을 배워야 한다.”

　컴퓨터도 그렇겠지만 앤디 그로브 자신도 스스로를 새로운 환경에 적응시켜 살아남았다. 끝없는 변화와 혁신이야말로 비즈니스의 본질이다.

위험 요소를 제거하라

유대인에게 단결은 곧 힘의 원천이다. 랍비들은 말한다. "여러 개의 나뭇가지는 쉽게 부러뜨릴 수 없지만, 한 개의 나뭇가지라면 어린아이도 쉽게 부러뜨린다."

마지막으로 유대인 부자를 대표하는 로스차일드의 삶을 되돌아
보면서 유대인 경제인에 관한 이야기를 마무리 지으려 한다.

고아 로스차일드, 가업을 일으키다

로스차일드 재벌가를 일으켜 세운 메이어 암셀 로스차일드
(1744~1812)는 프랑크푸르트에서 유대인 환전상의 장남으로 태어
났다. 그에게는 누나와 동생이 각각 둘씩 있었다. 그의 부친은 그
를 랍비로 만들기 위해 일부러 뉘른베르그의 유대교 학원에서 랍
비 공부를 시켰다고 한다.

하지만 열한 살이 되던 해 아버지를 여의고, 다음 해에는 어머
니를 잃으면서 어쩔 수 없이 하노버의 은행가 오펜하임 밑에서
금융업에 대한 공부를 시작한다. 그리고 스무 살이 되던 해에 다
시 프랑크푸르트로 돌아와 가업을 일으켜 세우는 데 온 힘을 쏟
는다.

당시 프랑크푸르트의 조례에 따르면 유대인은 좁은 게토(Ghetto,
유대인 주거지) 내에서만 생활할 수 있었다. 게다가 가족은 5백 세대
이하, 결혼은 일 년에 열두 쌍으로 제한되어 있었다. 그는 결혼 때
문에라도 집안을 다시 일으켜 세워야 했다. 그러기 위해서는 사회
에서 인정받을 수 있을 정도의 실력을 쌓아야만 했다.

그는 먼저 오래된 화폐를 모으기 시작했다. 유대인만 상대하면
화폐수집상으로 먹고살기가 힘들었기 때문에 그는 가난한 유대

인이 아닌 유복한 독일 귀족들을 상대했다.

로스차일드는 어려서부터 아버지의 명령으로 환전하러 가는 일이 많았다. 그때 익힌 오래된 화폐에 대한 지식은 그가 이 일을 하는 데 많은 도움이 되었다. 그는 조금이라도 이익이 남으면 부지런히 옛날 화폐를 사들였다. 그리고는 잘 다듬어서 카탈로그를 만든 다음 화폐수집에 관심이 있는 귀족들에게 보여 주었다.

그는 먼저 하노버에 살던 시절의 고객이었던 에스토르프 장군을 방문했다. 그리고 그의 소개로 궁정의 귀족들 가운데 많은 고객을 확보했다. 그는 각지의 제후들에게 직접 편지를 보내면서 점점 거래시장을 넓혀 갔다. 만약 바로 이 사람이라는 확신이 설 경우에는 축일을 기억해 두었다가 진귀한 동전을 선물로 보내 인연의 끈을 확실히 해 두기도 했다.

이윽고 그는 프랑크푸르트의 영주인 빌헬름 백작에게 접근하여 1796년 9월 그의 집에 물건을 들이는 상인으로 정식 임명된다. 빌헬름 백작은 영국의 왕 조지 2세의 손자로 영국 왕과 덴마크 왕, 스웨덴 왕의 친척이었으며 대단한 자산가이기도 했다. 든든한 후원자가 없었던 로스차일드는 그와의 거래를 통해 사회적 지위를 얻었고, 다음 해에는 떳떳하게 결혼식까지 올릴 수 있었다.

로스차일드는 각지의 귀족들과 낡은 화폐를 거래하면서 쌓은 신용을 바탕으로 잡화를 수입·판매하며 확고한 기반을 다져 나간다. 그리고 서서히 환전 업무로 사업 영역을 넓혀가기 시작한다.

그런 그의 유일한 즐거움은 금요일 저녁 랍비를 집으로 불러들여 식사를 마친 후 안식일 밤이 깊어 가는 것을 잊은 채 탈무드의 교훈에 대해 열띤 토론을 벌이는 일이었다고 한다.

최고의 장사꾼 나단

빌헬름 백작은 1806년 전쟁에서 나폴레옹 군에 패한 후 덴마크로 망명을 가게 된다. 이때 로스차일드는 백작의 막대한 자산을 영국의 국채로 운용하자는 제안을 한다. 당시 백작이 보내온 국채매수용 자금은 거금 55만 파운드였다.

로스차일드는 이 돈으로 액면가의 72퍼센트보다도 훨씬 싼 62퍼센트에 영국국채를 매수했다. 그리고 그 운용차액을 자신의 수입으로 삼았다.

한편 이보다 앞선 1797년에 로스차일드는 셋째아들인 나단을 영국으로 보내 잡화무역을 하도록 했다. 나단은 장사에 있어서는 아버지를 능가하는 재간꾼이었다. 영국에 도착했을 때, 그의 나이는 겨우 스무 살이었다. 이때 나단은 2만 파운드의 자금을 빌렸는데, 7년 후에 4만 파운드를 벌어들인다.

또한 그는 백작한테서 부탁받은 자금을 이용하여 목화, 털실, 커피, 담배, 설탕 등을 대량으로 매입했다. 그리고는 나폴레옹의 대륙봉쇄 조치로 물자부족에 허덕이는 독일과 네덜란드에 보내

로스차일드가에 막대한 부를 안겨 주었다. 1804년 그는 영국으로 귀화하여, 1806년 영국의 유대인 사회에서 명문으로 불리는 몬테피올레 남작의 처제와 결혼하면서 영국 사회에 뿌리를 내린다.

무엇보다 나단을 유명하게 만든 것은 워털루전투에서 나폴레옹 군이 패한 이후 영국 증권거래소에서 그가 취한 행동이었다. 1815년 6월 19일 그는 패전 소식을 영국의 포크스톤 항구에서 들었다. 곧바로 영국 정부에 통보했지만 정부는 그의 말을 믿지 않았다. 바로 전에 카틀브라전투에서 영국군이 패했다는 소식을 받았기 때문이다.

나단은 증권거래소로 달려가 아무 말도 없이 영국의 공채를 모조리 팔아버렸다. 그러자 곧바로 거래소는 대혼란에 빠졌고 국채는 단번에 폭락했다. 국채의 가격이 큰 폭으로 떨어지자, 나단은 이를 다시 전부 사들였다. 그 후 영국군이 승리했다는 소식이 들어오자 단번에 영국의 국채가 폭등했다. 그렇게 짧은 시간에 나단은 영국의 부를 거머쥐게 된다.

일족의 결속으로 세계 제일의 재벌가를 이루다

빌헬름 백작의 거대자금을 운용하여 더욱 많은 이익을 챙긴 예는 동인도회사가 팔려고 내놓은 시가 80만 파운드 상당의 금괴를 사들인 일이었다. 나단은 이를 곧바로 영국 정부에 되팔았다. 왜

냐하면 당시 영국 정부는 이베리아 반도에서 프랑스군과 대립하
고 있던 웰링턴 군대에 현금으로 전비를 보내야 하는 상황에 처
해 있었기 때문이다.

이와 함께 나단은 이 금괴를 화폐로 주조하는 일과 금화를 피
레네 산맥의 건너편에 포진하고 있는 웰링턴군에 보내는 운송사
업도 했다. 나단은 대담하게도 적국인 프랑스를 경유하여 금화를
운송했다. 이 일대의 극비작전은 프랑크푸르트에 있는 로스차일
드의 장남 암셀이 지휘했고, 영국 정부와의 교섭은 셋째아들 나
단이 담당했다. 1811년 3월 프랑스 정부의 눈을 속이기 위해 다
섯째아들인 야콥은 열아홉의 나이에 파리에 잠입하여 "영국은
프랑스에 돈을 유출시키고 싶어 하지 않는다"는 유언비어를 퍼
뜨렸다.

또한 그는 영국에서 보낸 군자금을 받아 다시 넘기는 일을 감
시했다. 로스차일드의 넷째아들인 칼만은 프랑스 내에 있는 스페
인계 은행에서 어음으로 바꾼 자금의 수송을 감독했다. 그리고
그것을 피레네 산맥의 건너편에 있는 웰링턴으로 보냈다. 만약
어딘가에서 수송상의 문제가 생기면 둘째인 살로몬이 분쟁 해결
을 위해 각지를 돌아다녔다. 이처럼 일족의 역할분담으로 군자금
조달이라는 비밀 프로젝트를 성공시킬 수 있었다.

그 후에도 로스차일드 일족은 인맥 활용으로 성공 기회를 얻었
고, 일족의 결속과 정보관리를 이용하여 세계 제일의 재벌이 된다.

그러나 로스차일드가가 항상 많은 돈을 번 것은 아니었다.

1820년 살로몬은 오스트리아에 빌려준 6천 8백 8십만 글루덴의 차관이자로 6백만 글루덴을 벌었지만 나단이 바크슬레 경에게 빌려준 50만 파운드는 변제받지 못했다. 또한 1923년에 프랑스가 변제할 예정이었던 3백만 프랑도 회수를 못하고 말았다.

원래 유대교에서는 무담보로 돈을 빌려주는 고리대금업자만 인정한다. 1875년 영국이 수에즈 운하를 4백만 파운드에 매수했을 때, 나단의 아들 라이오넬은 즉석에서 무담보로 디즈렐리 수상에게 이것을 빌려 주었다.

무담보기 때문에 위험에 대한 대가로 고금리를 허용한다. 이것을 반대로 생각하면 자신의 위험을 알고 있기 때문에 더 신선하고 파격적인 발상이나 새로운 투자를 할 수 있는 게 아닐까.

일족의 사업에 인척을 개입시키지 마라

유대인에게 단결은 곧 힘의 원천이다.

랍비들은 말한다.

"여러 개의 나뭇가지는 쉽게 부러뜨릴 수 없지만, 한 개의 나뭇가지는 어린아이도 쉽게 부러뜨린다."

로스차일드 일족이 강한 힘을 발휘할 수 있었던 이유는 아들 다섯이 결속하여 아버지의 사업을 도왔기 때문이다. 이를 상징하듯 로스차일드 가문의 문장紋章은 다섯 개의 화살이 하나로 뭉쳐

212

져 있는 그림이다.

하지만 오해는 없기 바란다. 유대인은 상대방이 단순히 유대인이고 친인척이라고 해서 결속하지는 않는다. 타인과 손을 잡고 일할 일이 생기면 그들은 오히려 유대인이 아닌 사람을 파트너로 삼는다. 로스차일드도 빌헬름 백작의 재산을 관리해 주면서 성장했다는 사실을 기억하자.

인맥을 구축하려면 사업의 기본을 생각하면서 상대방을 찾아내야 한다. 또한 이익은 서로 나누어야 한다. 필요한 사람을 찾지 않고 똑같은 인맥을 유지하면 비즈니스의 기회마저 사라지고 만다.

그러나 경영주체는 동일한 의사를 지닌 소수의 리더만으로 구성하고 유지해야 한다. 만약 이 일에 다수가 개입하면 의사결정이 신속하게 이루어지지 못한다. 경영의 최고자리를 소수로 한정하는 이유는 이익을 독점하기 위해서가 아니라 사업 경영의 효율성을 높이기 위해서인 것이다.

메이어 암셀 로스차일드는 죽기 바로 전날, 일족의 사업에 인척을 개입시키지 말라는 유언을 남기기까지 했다.

그런데 한 번은 이 유언을 어긴 적이 있었다. 1836년 나단의 처가 쪽인 몬테피올레가로부터 로스차일드 일족의 사업을 공동으로 경영하고 싶다는 제의가 들어왔다. 영국의 상류사회에서는 몬테피올레가가 로스차일드가보다 훨씬 더 깊은 전통을 가지고 있었고, 집안 내력이나 격식 면에서도 비교가 되지 않는 가문이었다. 하지만 로스차일드가는 곧바로 몬테피올레 가문을 경영자로 받아들이겠다는 답을 주지 않았다. 오히려 '만약 성을 로스차일드로 바꾼다면 특별히 사업상의 파트너로 인정하고 받아들이겠다'는 답을 보내 간접적으로 거절을 했다.

현재 투자은행에서 활약하고 있는 로스차일드가는 영국과 프랑스에 있는 두 가족뿐이다. 그래서 다섯 개의 화살이 상징하는 다양성을 잃어버리면 지난날의 화려했던 영광을 회복하기 어려울지도 모른다는 생각이 든다.

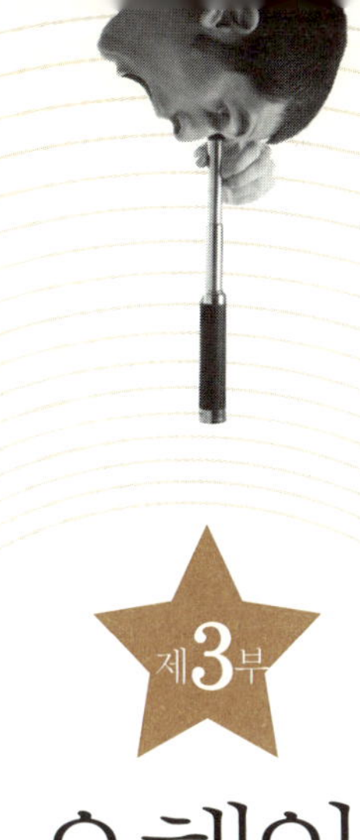

오해와
편견을
버려라

남북전쟁이 일어났을 때, 미국에서는 유대인에 대한 대대적인 차별이 있었다. 당시에는 유대인들도 노예해방을 둘러싸고 의견이 분분하여 어떤 통일된 견해를 내놓지 못하고 있었다.

유대인 쥬더 벤자민은 노예제도를 지지하던 남부연합의 검사총장 겸 외무대신이었다. 그런데 그를 표적으로 하는 사람들이 북군 측에 나타나기 시작했다. 그들은 '유대인은 미국을 배신하고 있다'는 소문을 퍼뜨리고 다녔다.

당시 유대인들도 남북전쟁에 참가하고 있었다. 그 규모는 북군에 약 7천 명, 남군에 약 3천 명 정도였다. 그러나 이는 주거지와 관련이 있을 뿐, 어느 쪽이 다른 어느 한쪽을 배신했다는 비난은 옳지 않았다. 사무엘 울만은 남군으로 참가했고, 시카고의 유력한 유대인 아브라함 콘은 링컨 대통령에게 미국기를 보내면서 흑인해방을 지지하기도 했다. 그 국기에는 헤브라이어로 된 격려문이 새겨져 있었다.

1862년, 북군의 총사령관인 그랜트 장군은 유대인을 북군의 공직에서 모조리 추방하라는 명령을 내린다. 이는 링컨 대통령의 거부권 행사로 무효화되기는 했지만, 그때까지 반유대 감정이 없었던 미국에 유대인에 대한 편견을 급속도로 확산시키는 계기가 된다.

노동운동의 핵

한편 1881년 러시아에서 일어난 유대인 학살을 계기로 1910년까지 30여 년에 걸쳐 러시아 혹은 동구의 많은 나라로부터 150만 명이나 되는 유대인이 미국으로 이주한다. 이로 인해 미국 내의 유대인 인구는 400만 명에 이를 정도로 급증한다. 이는 그들보다 먼저 미국으로 건너온 유럽계 시민들과의 대립으로 이어진다.

미국으로 이민 온 유대인들은 재봉사, 목수, 미장이, 넝마장수, 행상 등 여러 가지 직업에 종사했다. 19세기 말부터 20세기 초까지 미국의 노동환경은 매우 열악했다. 그래서 모든 노동자들이 인종이나 종교의 구별 없이 낮은 임금과 장시간 노동에 시달렸다.

이런 열악한 환경 속에서 일한 탓에 사회주의자들은 노동조합을 결성하여 노동조건 개선을 주장하기 시작한다. 미국의 노동운동 초기에 유대인의 활약은 정말 눈부셨다. 미국 최초의 사회주의운동 정당은 사회노동당으로, 1877년에 설립되었다. 이 정당은 아돌프 슈트라우스가 이끄는 유대인 담배 제조직공들의 노동조합을 지지 기반으로 하고 있었다.

훗날 유대인 급진주의자 다니엘 델레온이 사회노동당을 장악하게 되면서 일반 노동자에게 외면을 당한다. 이를 계기로 슈트라우스는 동료인 사무엘 곰퍼스와 함께 온건한 노동조합을 기치로 내걸고 1886년 미국노동동맹(AFL)을 설립한다. 이 조직은 시간이 흐르면서 미국의 노동운동을 대표하는 미국노동총동맹

(AFL·CIO)으로 발전한다.

한편 전미 피복 제조공들의 노동자조합(UGWA)이 1914년 시카고에서 대규모의 총파업을 일으켰을 때, 그들을 지도했던 시드니 힐먼도 유대인이었다. 1911년 국제 부인복 제조공들의 노동자조합(ILGWU)이 6만 명을 동원하여 3개월에 걸쳐 총파업을 일으켰을 때도 지도자가 유대인이었다. 그 당시 유대인 노동조합원수는 20만 명에 달했다고 한다.

기본적으로 미국의 노동운동은 노동자들의 처우개선을 요구하는 것으로, 사회주의적인 혁명을 목표로 하지는 않았다. 그런데도 자본가들은 노동운동을 사회악으로 보았으며, 노동운동의 지도자 가운데 유대인이 많았던 만큼 유대인을 기존 체제를 파괴하려는 사람들이라고 생각했다. 그래서 위기감을 느낀 보수층들은 유대인 혁명가와 자본가가 비밀리에 서로 결속하여 세계를 제패할 계획을 꾸미고 있다는 유언비어를 퍼뜨리기 시작했다.

헨리 포드의 편견

이러한 흐름에 가장 열성적으로 찬성한 사람이 바로 미국의 유명한 자동차왕 헨리 포드였다.

포드는 노동자에게 높은 임금을 지불하면 대중의 구매력이 늘어난다고 생각해 1914년 일당 2.4달러를 단번에 5달러로 올렸다. 하지만 사실 이런 움직임은 1913년경부터 포드 사의 공장에 급진적인 노동조합운동이 퍼졌기 때문이다. 또한 당시에는 이직률이 32퍼센트나 되어서 신규로 인원을 보충하는 데 들어가는 비용만 해도 수백만 달러였다. 이런 일련의 문제에 대해 나름대로 고심하던 포드는 급여를 늘려 이에 대처하기로 한 것이다.

그 결과 포드 사의 이직률은 다음해 1.5퍼센트로 격감했으며 노사간에도 화합 분위기가 조성되어 회사의 생산성이 크게 올라갔다. 이런 점에서 본다면 "높은 임금은 노동의욕을 향상시키고 노동을 유지·발전시킨다"고 말한 그의 이론은 틀리지 않았다고 할 수 있다.

그러나 1919년 포드 사는 5년 만에 일당을 5달러에서 6달러로 올린다. 꼬박 5년간 급료를 올리지 않았던 것이다. 게다가 1919년의 6달러는 1914년의 실질임금 3달러 36센트에 해당하는 수준이었다. 또 1926년부터 주5일 근무제가 시행되면서 휴일분의 임금을 지급하지 않아 노동자들의 실질소득은 더 낮아졌다. 자본가였던 포드는 노동자 편이 아니었던 것이다.

포드는 과격화된 노동문제나, 공산혁명으로 인한 소련의 탄생, 독일제국의 붕괴 등에 유대인이 참여했다는 설을 거의 절대적으로 믿었다. 그는 1920년 포드 사의 주간지에 「국제 유대인, 세계의 문제아」라는 제목으로 유대인이 모든 악의 근원이라는 논설을 발표하기도 했다.

이에 대해 이듬해인 1921년 1월, 월슨 대통령과 전 대통령인 태프트, 미국 전역의 저명인 119명이 이의를 제기했다. 포드의 유대인 공격은 미국인으로서도 기독교도로서도 있을 수 없는 행동이라고 비난한 것이다.

하지만 그는 재판소가 발간금지 명령을 내리는 1927년까지 7년간 집요하게 반유대인 선전을 계속했다. 이러한 그의 행동을 본 히틀러는 1934년 나치스 훈장을 수여하기도 한다.

사실 히틀러유겐트(나치스 독일의 청소년 조직)와 같은 조직이 채택한 반유대 선전활동 문서들은 포드가 쓴『국제 유대인』의 많은 부분을 인용했다. 이런 점에서 보면 포드가 히틀러의 반유대 활동에 미친 영향력은 매우 크다고 할 수 있다.

포드의 이런 태도는 IBM의 토머스 와트슨과 매우 대조적이다. 토머스 와트슨은 1937년 베를린에서 개최된 세계상공회의소대회에서 히틀러로부터 훈장을 받았지만 제2차 세계대전이 시작되면서 나치스의 정체가 드러나자 1940년에 훈장을 되돌려주었다.

흔히 위인들은 모순덩어리라고 한다. 포드의 이야기는 아무리 훌륭한 사람이라도 편견이나 선입견에 사로잡히면 실수를 저지를 수 있음을 증명하는 좋은 예다. 사물의 현상을 넓게 보지 못하고 단순히 설명하려 했던 점을 보면 포드는 의외로 드라마틱한 인간이었다. 우리는 역사를 통해 이 사실을 알 수 있다.

그들의 세계 지배 음모는 존재할까

포드가 말한 '유대인의 세계 지배 음모'는 과연 실제로 존재했을
까? 유감스럽게도 그런 사실은 절대 존재하지 않았고, 앞으로도
그럴 것이다.

곰곰이 생각해 보기 바란다. 현재 인구가 대략 550만인 이스라
엘을 예로 들어보자.

그들은 건국 이후 소규모 당의 연립으로 국론이 통일되지 않아
항상 우왕좌왕해 왔다. 그들의 의견이 겨우 통일되었을 때는 수
에즈 동란(1957), 6일 전쟁(1967), 그리고 욤 키푸르(속죄의 날) 전쟁이
라고도 불리는 제4차 중동전쟁(1973) 때뿐이었다. 1948년 독립전
쟁 때에도 양당이 대립해서 이를 하나로 통합시키는 데 매우 애
를 먹었을 정도다.

타국을 제압하여 자신들의 지배 아래 두려면 적어도 제2차 세
계대전 때의 일본처럼 정당과 정부, 군부가 모두 단결하여 강력
한 중앙집권 전제정치를 전개할 정도가 되어야 한다. 그러나 유
대인은 세 명만 모여도 열 개의 의견이 나올 정도로 자국의 국론
을 하나로 통일시키기가 어렵다. 그런 그들이 어떻게 세계를 지
배할 수 있단 말인가! 따라서 유대 음모론은 현실적으로 무리라
고 할 수 있다.

전세계 유대인을 하나로 묶는 시오니스트회의

오늘날 전세계의 유대인 사회를 하나로 묶는 국제조직으로 '세계시오니스트기구'가 있다. 이는 시오니즘의 아버지 헤르츨(1860~1904)이 1897년에 열린 제1회 시오니스트회의가 끝난 후, 이를 지지하기 위해 만든 조직이다. 설립 당시의 명칭은 '시오니스트기구'였는데, 1960년에 오늘날의 명칭으로 바뀌었다. 이는 여전히 전세계의 유대인을 하나로 통합시키는 유일한 세계 조직이다.

또한 헤르츨은 팔레스티나 개척자를 위한 은행으로 '유대척식기금'과 이주지 구입을 위한 '유대국민기금'의 창설을 제안하기도 했다. 현재 이스라엘의 최대 은행인 뱅크 레우미는 척식기금의 운용 부문을, 유대국민기금은 이스라엘 전 국토의 토지 관리를 각각 맡고 있다.

시오니스트회의는 애초에 2년마다 개최되었는데, 최근에는 4년마다 열리고 있다. 회의의 주요 테마는 당연히 유대인의 팔레스티나 귀환 촉진이다.

예를 들어 1972년에 열린 제28회 회의에서는 해외의 유대인 단체 대표 90명을 시작으로 이스라엘 국내의 정당 세력분포에 비례한 559명의 대표가 한 자리에 모이기도 했다. 의제는 물론 해외 유대인의 교육, 청소년 활동의 활성화, 귀환운동의 촉진, 이스라엘 국내의 빈부격차 시정, 귀환자용 주택 정비, 소련의 유대인 권리 옹호 등이었다.

제29회 회의는 개최가 늦어져 1978년에 열렸다. 이때 회의의 주제도 28회 때와 거의 비슷했다. 한 가지 눈에 띄는 내용은 회의에서 결정된 사항을 실행할 때 정통파·보수파·개혁파 모두에게 예산분배를 공평하게 분배한다는 결의가 이루어졌다는 점이다.

그러나 시오니스트회의에서는 비밀스러운 의논을 전혀 찾아볼 수 없다.

시오니스트기구의 실행기관으로 활동하는 단체로 '유대기관'이 있다. 이 단체의 임무는 이스라엘이 건국되기 전, 팔레스티나로 이주하는 유대인의 경제적 원조, 사회복지, 교육, 토지구입 등이었다. 이스라엘 건국 후에는 해외로부터의 유대인 귀환 촉진, 해외 유대인의 교육 지원, 키부츠 등 농업개척단의 지원, 해외 유대인의 연락 및 홍보 등을 맡고 있다. 이러한 모든 운영활동에 들어가는 대부분의 비용은 기부를 통해 이루어지고 있으며, 부족한 비용은 이스라엘 정부의 지원금이나 독일 정부의 전쟁보상금으로 보충하고 있다.

브네이 브리스는 유대식 로터리클럽

시오니스트회의보다 오래되었고 유대인에게 많은 영향력을 미친 단체로는 1843년에 설립된 '브네이 브리스'를 꼽을 수 있다. 쉽게 말하면 유대식 로터리클럽이라 할 수 있는데, 이 단체는 유대교의 정신적 향상을 목적으로 뉴욕의 변두리 커피숍에서 12명의 유대인이 모이면서 처음으로 시작됐다. 단체의 이름인 브네이 브리스는 '하느님과 계약한 그의 자식들' 이란 의미다.

오늘날에도 세계 45개국에 지부를 가지고 있으며, 성인남녀 및 청소년을 포함한 50만 명의 회원이 가입되어 있는 거대조직이다. 이 단체의 활동은 유대교의 문화 촉진과 회원간의 상호부조, 과학·예술의 지원, 빈민 원조, 병자 위문, 과부 및 고아 보호, 난민 구제 등 자선사업이 주류를 이룬다.

제1차 세계대전이 일어나기 전인 1913년에는 미국에서 유대인 배척운동이 두드러졌다. 그래서 브네이 브리스의 하부조직으로 '명예훼손대책연맹' 이 창설되기도 했다. 이 기관은 오늘날에도 유대인 차별 해소를 위해 적극적으로 활동하고 있다.

오늘날 미국 각지의 주요 대학은 대부분 유대학과 강좌를 두고 있다. 브네이 브리스를 모체로 하는 '힐렐재단' 은 이 강좌를 유지하기 위해 기부금을 모으거나 유대인 학생센터를 운영하고 있다.

이러한 브네이 브리스의 자선활동을 프리메이슨과 연관시켜 두 단체가 비밀리에 결탁하고 있다는 유언비어를 퍼뜨리는 사람들이 있다. 하지만 그것은 전혀 근거가 없는 얘기다.

맺는 말

나는 1963년 쿠마모토대학 재학 시절 이스라엘의 헤브라이대학
으로 유학을 갔다. 당시 나는 영국의 역사학자 토인비의 『역사의
연구』에 심취해 있었다. 토인비는 이 책에서 서양 문명의 원류가
그리스 로마 시대의 헬레니즘과 유대의 헤브라이즘이라고 지적
한다. 그러나 헤브라이즘에 대한 설명이 쉽게 납득되지 않았다.

그 후 나는 직접 유대인의 생활을 확인한답시고 건국된 지 얼
마 되지 않은 이스라엘로 유학을 갔다. 그리고 구약성서학과 철
학을 전공하여, 4년 후 일본인으로서는 처음으로 헤브라이대학
을 졸업한다.

또한 1970년부터 7년간, 뉴욕의 아메리칸 유대신학교에서 장
래에 유대교의 정신적 지도자(랍비)가 될 학생들과 어깨를 나란히
하면서 유대교에 대해 원전原典으로 공부를 하고 돌아왔다. 이 학
교는 일본에서 그다지 알려져 있지 않지만, 유대 연구와 관련하
여 콜롬비아대학에 커리큘럼이나 시설을 제공하고 있는 대학이
다. 또한 많은 졸업생들이 현재 미국 전역과 이스라엘의 교육기
관에서 활약하고 있다.

유대교도도 아닌 내가 유대교 학교에서 공부할 수 있었던 것은 헤브라이대학에서 가르침을 받았던 메나헴 할란 교수와, 전 이스라엘 부수상을 지낸 이가르 아론 씨의 추천 덕분이었다.

미국 유학 시절 나는 유대인 사업가로부터 '일본은 어떻게 그렇게 빨리 경제성장을 이룰 수 있었는가' 라는 질문을 자주 받았다. 그런데 유감스럽게도 당시 나는 일본 경제에 대해 거의 지식이 없었고, 그 질문에 만족스러운 대답을 하지 못했다.

생각해 보면 소크라테스, 칸트, 아담 스미스, 그리고 유대인 학자인 마르크스, 프로이트도 모두 자신이 살던 시대의 문제를 자신의 말로 정리했던 것이지 타인의 주장이나 말에 주석을 달았던 게 아니다. 학문이란 게 본래 그런 게 아닐까 싶다.

이런 생각이 들 즈음 나는 일본 경제의 조직이나 현황, 또 그 안에 뿌리내린 사상에 대해 알고 싶어 귀국과 동시에 비즈니스 컨설턴트 회사에 입사했다. 그 후 일본의 비즈니스 활동을 보이지 않는 곳에서 꼼꼼히 그리고 철저하게 관찰할 수 있었다.

요즘에는 기업체의 경영 상담을 하고 있으며, 전략 입안에도

참여하고 있다. 나는 유대인의 사고방식을 통해 경제사상과 경제
윤리, 계약 등 여러 가지를 배웠다. 여러분은 이 책 안에서 유대
인의 생활철학, 특히 유대인 사업가의 있는 그대로의 모습을 만
날 수 있을 것이다.

만약 이 책이 독자 여러분의 비즈니스 활동에 도움이 된다면
오랜 세월 나와 우정을 나누었던 많은 유대인 친구들에게 더할
나위 없는 기쁨이 될 것이다.

한국경제가 불안하다.

불안을 대변이라도 하듯 사오정이니 삼팔선이니 이태백이란 말이 우스갯소리로 인터넷을 떠돈다. 앞의 두 말은 차치하고라도 이십대 태반이 백수란 의미의 '이태백'은 고학력을 자랑하는 21세기 한국경제에 그야말로 아이러니가 아닐 수 없다.

이웃나라 일본 경제가 거품이 빠지면서 깊은 늪에 빠져 허덕이다가 이제야 서서히 회복 조짐을 보이는 것과 대비되게 한국경제는 이제 기나긴 터널로 들어섰다는 우려의 소리도 들린다. 어쩌면 우리는 첫 단추를 잘못 꿰고 있는지도 모른다.

이 책은 유대인들이 '세계 속의 유대인'으로 자리매김할 수 있었던 이유를 그들의 교육관, 직업의식, 금전의식, 위기관리법 등을 통해 잘 설명하고 있다. 또한 유대인이란 치명적 약점을 극복하고 오늘날 신문 및 방송업계, 금융업계 등에서 우뚝 선 인물들을 소개함으로써 그 이해를 돕고 있다.

유대인은 말한다.

"부자가 되고 싶다면 가난할지라도 부자 대열에 서라!"

이는 마치 아들의 장래를 위해 세 번씩이나 이사를 감행한 '맹모삼천지교'의 교훈을 떠올리게 한다. 성공을 하기 위해서는 본인의 노력이 가장 중요하지만 환경 또한 무시할 수 없는 게 사실이다.

우리의 미래가 한창 자라나는 청소년들에게 있다는 사실을 상기해 볼 때, 이 한 권의 책이 우리의 교육환경을 되짚어보는 타산지석의 계기가 되기를 간절히 기대해 본다.

선택&집중

초판 1쇄 인쇄일 | 2011년 8월 25일
초판 1쇄 발행일 | 2011년 8월 31일

지은이   데시마 유로
옮긴이   박순규
펴낸이   하태복

펴낸곳   이가서
주소   서울특별시 영등포구 양평동 2가 37-2번지 양평빌딩 406호
전화·팩스   02-336-3502~3 02-336-3009
홈페이지   www.leegaseo.com
등록번호   제10-2539호

ISBN   978-89-5864-293-0 13320

가격은 뒤표지에 있습니다.
잘못된 책은 바꾸어 드립니다.